Axel Mengewein

HALBE ARBEIT, GANZES LEBEN

Axel Mengewein

HALBE ARBEIT, GANZES LEBEN

Arbeite so wenig, wie du willst.
Das Teilzeit-Manifest

ARISTON

Bibliografische Information der Deutschen Bibliothek

Die Deutsche Bibliothek verzeichnet diese Publikation in der
Deutschen Nationalbibliografie; detaillierte bibliografische Daten
sind im Internet unter http://dnb.de abrufbar.

MIX
Papier aus verantwortungsvollen Quellen
FSC® C083411

Verlagsgruppe Random House FSC® N001967

Redaktion: Michael Schickerling

Umschlaggestaltung und Motiv: Hauptmann & Kompanie, Zürich
Satz: Satzwerk Huber, Germering
Druck und Bindung: CPI books GmbH, Leck
Printed in the Czech Republic

ISBN: 978-3-424-20193-2

Für die beiden wichtigsten Frauen
in meinem Leben.

Inhalt

Freiheit durch Teilzeit – Teilzeit-Freiheit!

Ich liebe Teilzeit! Warum? Weil Teilzeit mein Leben befreit hat. Befreit von vielen beruflichen Fesseln, deren Ursprung bis 1830 zurückreicht – wie beispielsweise der 8-Stunden-Tag –, die heute aber nicht mehr zeitgemäß sind: »Präsenzkultur«, »Fürs-Wochenende-Leben«, »Von-Urlaub-zu-Urlaub-Hangeln«, »Rund-um-die-Uhr-Erreichbarkeit« und »unbezahlte Überstunden«. Seit vielen Jahren arbeite ich in Teilzeit, habe inzwischen viele unterschiedliche Modelle ausprobiert und mir dabei immer noch die Option bewahrt, zur Vollzeit zurückzukehren. Mit »Teilzeit-Freiheit« meine ich, dass Sie schon in wenigen Wochen zum Beispiel mit einem Backpacker-Rucksack als Digital-Teilzeitnomade von Thailand aus am Laptop arbeiten und dort gechillt besser leben könnten. Mit der Betonung auf »leben«!

Teilzeit schenkt Ihnen einen wichtigen Rettungsanker, der Ihnen bei Bedarf den Sprung zurück von Asien nach Europa gewährt, falls Sie mal dringend wegen eines Arztbesuchs oder anderer wichtiger Angelegenheiten heimkommen müssen. Teilzeit hält Sie versichert, beheimatet, versorgt, aber entfesselt Sie vom drögen Arbeitsplatz, den Sie sowieso schon zur Genüge kennen. Machen Sie es wie ich, umrunden Sie die Welt in Teilzeit – finanziell bequem, risikofrei und abgesichert. Werden Sie außerdem stark, fit und ausdauernd und halten Sie sich in Form, denn endlich haben Sie Zeit für Sport. Und, als wenn das nicht schon genug wäre, Teilzeit schenkt Ihnen das, was Ihnen am meisten fehlt: Freizeit. Teilzeit-Freiheit eben!

Egal, ob Sie aktuell eine leitende Position in einem Großkonzern innehaben, ob Sie auf der Karriereleiter nach oben klettern und nebenbei vielleicht eine Familie gründen oder ob Sie Berufsanfänger sind und Ihnen eigentlich 2,5 Arbeitstage pro Woche völlig ausreichend erscheinen: Auch Sie dürfen Teilzeit machen! Denn, niemand muss heutzutage eigentlich mehr als 50 Prozent arbeiten, um 100 Prozent leben zu können. Halbe Arbeit – ganzes Leben! Davon bin ich fest überzeugt. Sie müssen sich nur trauen. Wie das geht, erfahren Sie hier. Ich lebe das so schon seit vielen Jahren, und es ist sehr viel einfacher, als Sie vielleicht denken. Teilzeit vervollständigt Ihr Leben auf allen denkbaren Ebenen, aber meist genau da, wo es Ihnen bisher immer am meisten gefehlt hat: an Zeit.

Mit diesem Buch haben Sie alles Nötige in der Hand, damit Sie am Teilzeittrend erfolgreich teilnehmen und davon profitieren können. Denn mit der Reduktion Ihrer Wochenarbeitszeit können auch Sie zu denen gehören, die Sie vielleicht schon lange insgeheim beneidet haben. Die, die monatelang im Ausland überwintern konnten oder so mir nichts, dir nichts über viele Wochen Asien durchqueren, Südamerika entdecken oder Kanada erobern konnten, und das auch noch in allen Facetten in den sozialen Medien jeden Tag geteilt haben. Ich war und bin einer von ihnen.

Bei mir wurde einmal unter einem typischen »Traumstrand-Sonnenuntergangs-Selfie« geschrieben: »Im nächsten Leben will ich auch ein Mengewein werden.« Aber mal ehrlich: Warum auf eine mögliche Reinkarnation warten, wenn man Indien schon in 12 Wochen intensiv bereisen könnte? Denn so lange dauert es in den meisten Fällen maximal, bis Ihr »Antrag auf Freiheit« durch ist. Und wer garantiert Ihnen denn, egal, woran Sie glauben, ob es überhaupt ein nächstes Leben gibt oder wie das dann aussehen könnte? Ich glaube, dass wir im Hier und Jetzt leben sollten. Genau in diesem Moment, in dem Sie diese Zeilen lesen. Und ich sage Ihnen: Die Welt ist groß und so unbeschreiblich schön! Es gibt so vieles da draußen, was es zu sehen und zu erleben lohnt – das weiß ich wirklich sehr genau aus den über 50 Ländern, die ich bisher bereisen durfte.

Die vielen Menschen, denen ich unterwegs begegnet bin, haben mir gezeigt: Es gibt auf der Welt so viele »Reisende« wie vielleicht künftig auch Sie und mich, so viele Menschen, die sich bereits auf den Weg gemacht haben, um Lebensalternativen kennenzulernen. Es gibt so viele »Suchende«, die ich auf meinen Reisen getroffen habe, die 9-to-5 bereits ade gesagt haben. Es gibt so viele Menschen, die schon den Absprung geschafft haben und nun tauchend die Unterwasserwelt der Seychellen bestaunen, die Gipfel der Berge erstürmen oder sich mit anderen Backpackern bei einem Cocktail am Strand austauschen – und alle haben ihre eigene Geschichte zu erzählen. Und sind es nicht genau solche Geschichten, die Sie vielleicht auch selbst erzählen wollen? Weitergeben möchten an Ihre Freunde, Ihren Partner, Ihre Familie, Ihre Kinder, Ihre Enkel oder die Leser Ihres potenziellen Reiseblogs? Schreiben Sie Ihre eigenen Geschichten! Denn eines ist klar: Das Leben ist kurz, begrenzt und jeder darf mal aus dem vorgezeichneten Weg von Schule, Studium, Job und Rente ausbrechen.

Ich bin der festen Überzeugung, dass alles, was wir im Leben brauchen, uns bereits von Anfang an mitgegeben wurde. Es wird Zeit, dass auch Sie sich Ihrem Schicksal stellen und das tun, wofür Sie eigentlich hier sind. Ich kenne Ihr Karma, sollte es so etwas geben, natürlich nicht. Ich weiß nur, dass ich meinem die Chance gegeben habe, sich zu offenbaren: auf Reisen, mit asiatischer Kampfkunst und nun auch in diesem Buch. Ich will andere Menschen motivieren, endlich weniger zu arbeiten und mehr zu leben! Das ist das Ziel: mehr Zeit für Ihr Leben! Mit Teilzeit freier, selbstbestimmter und dadurch glücklicher leben, jetzt schon, und nicht erst mit Ende 60! Klingt eigentlich zu schön, um wahr zu sein.

Es gibt viele Wege, zu einer ausgeglicheneren Work-Life-Balance zu gelangen, egal ob als Arbeitnehmer oder als Führungskraft. Der Weg, den ich Ihnen zeige, benötigt keine Streiks, keine neuen Tarifvereinbarungen, keine Regierungsbeschlüsse und keine Revolution. Mein Weg ist wirklich ganz einfach, er existiert bereits und wurde gerade durch die Einführung der sogenannten Brückenteilzeit gestärkt. Es ist der Weg der Teilzeit. Ja, Teilzeit hat das Potenzial, unsere Arbeitswelt und damit auch Ihr Privatleben umfassend zu verändern. Wir müssen Teilzeit nur anders denken lernen, kreativer anwenden, die Angst davor verlieren und die Menschen respektieren lernen, die Teilzeit heute bereits leben oder es künftig tun werden.

Denn je mehr Menschen in Teilzeit arbeiten, desto schneller kommen wir dem gesellschaftlichen Ziel näher, unsere gesamte Arbeitswelt flexibler, lebenswerter und gesünder zu gestalten. Und danach sieht es aktuell aus, wenn man sich die Statistiken über Teilzeit genau ansieht – wichtige Studien dazu stelle ich Ihnen in diesem Buch vor, weitere finden Sie auf meiner Webseite zum Buch unter www.halbearbeitganzesleben.de. Dauerpräsenz am Arbeitsplatz gehört also ebenso der Vergangenheit an wie immer der gleiche Standort über vielleicht 40 Berufsjahre hinweg. Wir sind dafür nicht gemacht, ein Leben lang an nur einem Ort zu arbeiten! Wir brauchen Abwechslung, Inspiration, Tapetenwechsel und neue Impulse, die es überall auf der Welt gibt, nur nicht in demselben Büro, in dem Sie mit Kollegen vielleicht sogar Jahrzehnte auf engstem Raum eingepfercht ausharren, bis Sie hoffentlich die Rente irgendwann erlöst.

Egal, ob man nun 5, 25 oder 50 Prozent seiner individuellen Wochenarbeitszeit reduziert: Je mehr Menschen Teilzeit arbeiten, desto größer wird der Druck auf die Unternehmen, die Jobs endlich so zu gestalten, dass sie sich klug auf mehrere Köpfe verteilen lassen, dass sie flexibler werden und so eine gesunde Work-Life-Balance und standortunabhängige Tätigkeiten ermöglichen. Und davon profitieren letztlich auch die Unternehmen – besonders wenn sie im Kampf um die besten Talente am Arbeitsmarkt die Nase vorn haben wollen. Denn schon länger entscheidet nicht mehr nur der Gehaltsscheck, wo man arbeiten möchte, sondern die Vereinbarkeit von Beruf und Leben.

Studien belegen, dass Teilzeitarbeiter glücklicher und produktiver sind – und dass Teilzeitarbeit dringend notwendig ist für einen erfolgreichen Wirtschaftsstandort in einem Land, in dem qualifizierte Mitarbeiter immer mehr zur Mangelware werden. Auch die Politiker der

Bundesregierung haben das begriffen, wenn auch noch mit Einschränkungen: »Brückenteilzeit« nennt sich die neue Teilzeitidee mit Rückkehrrecht in die Vollzeit. Ich hoffe, dass Brücken gerade auch in den Köpfen derjenigen geschlagen werden, die im Unternehmensalltag die Teilzeitmitarbeiter hinaus in die Welt ziehen lassen, also Ihr Chef-Chef, Ihr Chef, Ihr Team beziehungsweise Ihre Kollegen. Wenn bald jeder wieder nach einer Teilzeitphase in die Vollzeit zurückkehren kann, fallen die letzten Schranken der starren Anwesenheitspflicht aus der Zeit der industriellen Revolution, und wir entwickeln endlich eine moderne digitale Arbeitskultur mit einem ausgewogenen Verhältnis zwischen Leben, Job, Reisen, Abenteuer und Erholung.

Mit Teilzeit können Sie sich von der großen tief liegenden inneren Unzufriedenheit befreien, von der auch Martin Cordsmeier spricht. Er kommt nach zahlreichen Interviews mit Betroffenen zu der Erkenntnis, dass 45 Prozent der über 16 Millionen Befragten sich nicht dort sehen, wo sie gerne im Leben sein wollen. Jeder Fünfte gibt dabei an: »Was ich jetzt mache, ist gar nicht meins!« Cordsmeier schließt daraus, dass sich die Menschen in unserer Gesellschaft zwar oberflächlich überwiegend als »zufrieden« bezeichnen, es jedoch bei genauer Betrachtung im Inneren ganz anders aussieht. Es fehlt uns schlichtweg an Atempausen, um mal zur Ruhe zu kommen und über grundsätzliche Fragen für das eigene Leben nachzudenken.[1] Doch wenn Sie das tun, was Sie gerne tun, werden Sie erfolgreich, gesund und zufrieden. Das sagt auch John C. Parkin in seinem Buch *Fuck it!*. »Mach nur noch, was du gerne tust, und es ist egal, welchen Job du hast.«[2]

Hören Sie also auf, »Ja, aber ...« zu sagen, wenn es um das Thema Teilzeit geht. Suchen Sie nicht nach irgendwelchen Gründen, Ihren Hauptjob nicht zu reduzieren. Überlegen Sie sich vielmehr gute Gründe, die dafürsprechen, weniger zu arbeiten und mehr zu leben. Endlich das zu tun, was Ihnen wirklich Spaß macht. »Ja, aber das Geld?!« – »Ja, aber die Karriere?!« – »Ja, aber die Rente?!« –»Ja, aber was denken dann die anderen?!« Die häufigsten Ja-aber-Einwände räume ich in diesem Buch aus – damit Sie guten Gewissens in die große Teilzeit-Freiheit starten können.

Bereits 1930 spekulierte der Ökonom John Maynard Keynes, dass die Menschen in 100 Jahren, also schon in naher Zukunft, nur noch 3 Stunden am Tag arbeiten müssten. Diese 15-Stunden-Woche würde allerdings aktuell happige 62,5 Prozent Lohnverzicht bedeuten – was wohl weder im Sinn von Keynes noch in Ihrem Sinn ist. Aber eine Teilzeit mit nur 5 Prozent und dadurch 11 Tagen zusätzlicher Freizeit kann sich fast jeder Beschäftigte leisten. Was es damit auf sich hat und wie ich auf die 11 Tage komme, lesen Sie später.

Wenn Sie die Wochenarbeitsstunden sogar noch weiter reduzieren wollen, um 15, 20 oder 50 Prozent – um so noch mehr leben zu können –, funktioniert das gut, wenn Sie meine Tipps und Ratschläge in diesem Buch beachten. Wie viel Prozent Reduzierung Ihrer Arbeitszeit für Sie persönlich sinnvoll ist, rechnen wir ausführlich in den nächsten Kapiteln durch.

Halbe Arbeit – ganzes Leben: Das könnte doch auch Ihr neues und erstrebenswertes Ziel sein! Ich selbst habe verschiedene Teilzeitformen über mehrere Jahre hinweg ausprobiert und gehe in diesem Buch immer wieder auf meine positiven und leider manchmal auch negativen Erfahrungen ein. Das erste Teilzeitmodell hatte ich für eine berufliche Qualifikation beantragt, dann eine Teilzeit aus familiären Gründen genutzt, und die folgenden, um mir lang ersehnte Lebensziele zu erfüllen. Und immer noch arbeite ich Teilzeit – weil ich mich daran gewöhnt habe, weil es mir Freude macht, weil ich den Gewinn an Lebensqualität schätze und weil ich die nebenbei aufgebauten Projekte nicht wieder aufgeben will. Außerdem möchte ich im Idealfall noch mehr Menschen wie Sie dazu motivieren, ebenfalls glücklicher und »reicher« zu leben, mit Teilzeit.

Es muss nicht jeder so konsequent an das Thema herangehen wie ich – manche mögen es auch radikal nennen. So habe ich während meiner Halbe-Arbeit-ganzes-Leben-Phase meine Wohnung gekündigt und meine Fixkosten auf nur noch 200 Euro pro Monat gedrückt. So hatte ich genug Geld, um mir einen lang gehegten Traum zu erfüllen: einmal alle Kontinente zu bereisen. Daneben hatte ich genug Zeit und Energie, den schwarzen Gürtel im Taekwondo zu meistern und einen Marathon zu laufen. Für mich hieß das: Leben pur!

Ich werde Ihnen alle Facetten der Teilzeit vorstellen, damit Sie sich ein perfekt auf Sie zugeschnittenes Modell aussuchen können – um glücklicher und zufriedener zu leben. In vielen Gesprächen, die ich zum Thema Teilzeitarbeit in den vergangenen Jahren geführt habe, konnte ich inzwischen viele Menschen für Teilzeit begeistern – einige Beispiele habe ich hier aufgeschrieben. Werden auch Sie Teil des Teilzeittrends und helfen Sie, die Arbeitswelt lebenswerter zu gestalten. Die Zeit dafür ist reif!

Ich wünsche Ihnen viel Spaß und Inspiration beim Lesen sowie Mut, Kraft und Freude, Ihre eigenen Teilzeitwünsche umzusetzen! »Shisak!«, koreanisch für »Beginne!«, würde mein Taekwondo-Großmeister jetzt sagen! Das bedeutet für Sie: Starten Sie jetzt in Ihr neues Leben, auf in den Kampf, zeigen Sie, was in Ihnen steckt! Es lohnt sich, und zwar für Sie und alle anderen Menschen, die Ihnen wichtig sind!

Axel Mengewein

I
Warum Sie Teilzeit machen sollten

Ihr Leben läuft eigentlich perfekt. Möglicherweise haben Sie dieses Buch geschenkt bekommen oder sich selbst gekauft, weil Sie von Freunden oder Bekannten gehört haben, dass man auch mit weniger Arbeit ziemlich gut über die Runden kommt. Vor allem aber, dass man dabei mehr Zeit für die Familie hat, mehr Zeit für das persönliche Glück und ganz einfach mehr Zeit für sein Leben.

Und dann haben Sie vielleicht auch noch einen Artikel in der Zeitung gelesen: über den Wunsch vieler, weniger zu arbeiten und mehr zu leben. Denn das ist ja richtig: Es liegt voll im Trend, weniger Zeit mit Arbeit zu verbringen, mehr Zeit für sich, die Familie oder Freunde zu haben. So titelte bereits im September 2017 *Spiegel online* »Auf dem Weg in die Teilzeitrepublik. So arbeitet Deutschland«.[3] Und auch Bundeskanzlerin Angela Merkel betonte im Rahmen ihrer Rede als Schirmherrin des Netzwerks Chefsache: »… der Umgang mit Teilzeit in bestimmten Lebensphasen muss besser sein. Auch da ist es ja möglich, Chefpositionen zu haben.«[4]

Initiative Chefsache

Die 2015 gegründete Initiative Chefsache (www.initiative-chefsache.de) will ein Umdenken in der Arbeitswelt herbeiführen. Sie setzt sich deshalb für Chancengerechtigkeit von Frauen und Männern ein, besonders in Führungspositionen. Ein wichtiges Anliegen der Initiative sind innovative Arbeits- und Karrieremodelle: »Wer Fachkräfte halten und gewinnen möchte, muss die Arbeit an die Lebensrealitäten seiner Mitarbeiter anpassen.«[5]

Aber wie steht es mit Ihnen: Arbeiten Sie immer noch Vollzeit? Sind Sie abends müde und gestresst – und das Wochenende ist viel zu kurz, der Urlaub viel zu wenig? Eigentlich könnten Sie es ja etwas ruhiger angehen lassen, eigentlich haben Sie noch andere Pläne. Denn Sie haben ja einen erfolgreichen Weg hinter sich, viele Jahre Schule, Ausbildung oder Studium, später Fort- und Weiterbildungen. Ihre Karriere kann sich ja eigentlich sehen lassen – doch es gibt dieses »Eigentlich«.

Das »Eigentlich« wird immer dann laut, wenn Sie auf Instagram Urlaubsfotos von anderen sehen, wenn Ihre Partnerin mal wieder sauer ist, weil Sie für einen privaten Termin keine Zeit finden, wenn der Job mal wieder vorgeht oder wenn Sie keine Zeit mehr für die Dinge finden, die Ihnen wichtig sind. Trifft das auch auf Sie zu? Gratulieren Sie Ihren Freunden nur noch auf den sozialen Kanälen zum Geburtstag, mit dem üblichen Standardtext: »Happy Birthday«, waren aber schon ewig nicht mehr mit ihnen auf ein gemeinsames Bier oder hatten ein Gespräch ohne Zeitdruck? Sind Sie beim Mittagessen mit einem Kollegen neidisch, wenn er von seinen langen Auslandsreisen berichtet? Fragen Sie sich spätabends im Büro beim Überstundenschieben, ob es das wirklich wert ist, all Ihre kostbare Lebenszeit der Firma zu opfern?

Sie können natürlich einfach so weitermachen und über den klassischen Karriereweg weiterhin versuchen, im Angestelltenverhältnis glücklich zu werden und dabei viele Überstunden zu machen, oder warten, bis vielleicht Ihre Kinder aus dem Gröbsten raus sind oder bis Sie in Rente gehen und dann endlich viel mehr Zeit haben. Darauf arbeiten Sie ja schließlich ein ganzes Arbeitsleben hin, richtig? Immer vorausgesetzt, Sie sind dann im Alter von vielleicht 67 noch fit und können umsetzen, was Sie bis dahin immer nur geplant haben. Wie lautete denn die Diagnose Ihres Hausarzts beim letzten Gesundheitscheck? Sollten Sie vielleicht mehr auf sich achten und mehr für sich tun? Ihre Werte könnten besser sein? Wer garantiert Ihnen denn, dass Sie das Renteneintrittsalter gesund erreichen werden? Und welchen Grund hat es, gerade jetzt dieses Buch über mehr Zeit für Reisen,

Hobbys, Sport, Familie, Freunde und so viele, andere, schöne Lebensgestaltungsmöglichkeiten zu lesen? Darüber, all dem wieder mehr Gewicht geben zu wollen? Über halbe Arbeit und ganzes Leben? Kann es sein, dass Sie doch schon mal Zweifel hatten, ob das alles im Arbeitsleben sinnvoll ist? Dieses Gefühl, dass das eigentliche Leben an Ihnen vorbeizieht, während Sie in einem weiteren unwichtigen Meeting sitzen oder in einem staubigen Büro abhängen und den Feierabend sehnlich herbeiwünschen?

Ja, auch ich habe sehr viele Jahre in Vollzeit gearbeitet und gedacht, dass mich eine Karriere in einem großen Unternehmen glücklich machen würde. Und ich ging damals auch voll in meiner Arbeit auf – das will ich gar nicht bestreiten. Privat hat mir das aber letztlich wenig gebracht, denn ich hatte immer das Gefühl, dass mir etwas fehlt. Heute weiß ich, woran es mir stets mangelte: an Zeit für alles, was mir neben der Arbeit im Leben wirklich wichtig ist, ja, auch an Zeit für die Liebe!

Warum also der ganze berufliche Stress? Nur um für ein paar Jahre gut bezahlt auf einem stressigen Chefposten zu sitzen, auf dem man früher oder später unglücklich und womöglich gar krank wird? Ich habe schon so viele Vorgesetzte kommen und gehen sehen: Es gibt überhaupt keine Garantie, dass Sie auf genau diesem Chefsessel bleiben werden! Denn sobald Sie eine attraktive Position erklommen haben, wird oft wie verrückt an Ihrem Stuhl gesägt. Versuchen Sie, diesen Kreislauf für sich zu durchbrechen!

Augen auf und raus!

Statt »Augen zu und durch!« darf ich Sie deshalb für einen kleinen Moment bitten, sich zurückzulehnen, tief durchzuatmen und auf Ihr Leben zu blicken. Wahrscheinlich sind Sie alles in allem recht zufrieden. Sie haben einen guten Job, für den Sie viel leisten, und die Anerkennung Ihres Chefs oder der Kollegen tut Ihnen gut. Sie machen regelmäßig Überstunden, und wenn es mal um ein besonderes Projekt geht, sind Sie zeitlich flexibel und fast immer erreichbar. Sie geben, wenn es drauf ankommt, immer 120 Prozent. Privat sind Sie einigermaßen glücklich, vielleicht in festen Händen, haben Kinder oder planen welche. Sie haben ein hübsches Eigenheim oder suchen gerade ein neues Domizil. Jedes Jahr gönnen Sie sich zumindest einen schönen Urlaub und ab und an ein wenig Luxus. Aber irgendwie fehlt Ihnen auch etwas: Zeit für Hobbys und Reisen, Zeit mit der Familie und mit Freunden.

Ich möchte Ihnen einen Weg vorstellen, der Ihnen mit ein paar Tricks ein glücklicheres und erfüllteres Leben schenkt, ohne Risiko und mit nur minimalen finanziellen Einbußen: Arbeiten Sie einfach etwas weniger, arbeiten Sie Teilzeit! Vergessen Sie aber zunächst einmal alles, was Sie bislang über Teilzeit gehört haben, und lassen Sie sich auf ein kleines Gedankenspiel ein – ein Spiel mit dem Potenzial, Ihr Leben zu verändern.

Stellen Sie sich vor, Sie gehen morgen zu Ihrem Chef und bitten ihn, Ihre Arbeitszeit um 5 Prozent zu reduzieren. Nicht um 50 Prozent, nein, lediglich um 5 Prozent. Denn 5 Prozent Teilzeit bedeuten schon 25 Prozent weniger Arbeit! Falls Sie das kaum glauben mögen, lesen Sie bitte gleich weiter in Kapitel 3. Da rechne ich genau durch, was 5 Prozent Teilzeit tatsächlich bewirken. Lassen Sie sich also einmal auf dieses Experiment ein – Sie sind nicht der Erste, der diesen Weg geht, und nicht die Erste, die ich dazu motivieren konnte.

Ich kann mich noch genau daran erinnern, wie es bei mir war, als ich zu meinem Chef-Chef ging, dem Hauptredaktionsleiter, um mit ihm über meinen Teilzeitwunsch zu reden. Es war für mich etwas völlig Neues, mit ihm überhaupt über so etwas zu reden: Denn bislang war es in unseren Gesprächen immer nur um dringende Projektbesprechungen gegangen, um zusätzliche Aufgaben, die es zu stemmen galt, Problemfälle, die man irgendwie lösen musste, um Feedback über die erledigten Aufgaben oder um strategische Fragen. Ich lebte förmlich für meine Arbeit in der Firma. Ich war rund um die Uhr erreichbar und stellte alles hintan, auch Gesundheit, Liebe und Freizeitgestaltung, wenn überhaupt noch Zeit für ein Leben war. Ich tat alles, um für den Job und für die Vorgesetzten verfügbar zu sein. Natürlich checkte ich auch im Urlaub meine Mails, beantwortete vermeintlich dringende Anfragen und arbeitete an Projekten intensiv weiter – das war für mich völlig normal. Deshalb war es für mich eigentlich undenkbar, Teilzeit zu beantragen. Alles bei mir war auf die Tätigkeit in meiner Firma ausgerichtet. Und für meine Vorgesetzten war klar: Der Mengewein ist da, auf den kann man sich immer verlassen. Er übernimmt die Aufgabe nicht nur, er erfüllt sie zur vollsten Zufriedenheit, und das auch noch in Rekordzeit.

Ich ging also zu meinem personalverantwortlichen Chef-Chef – seine Tür stand fast immer offen –, vorbei an seinen beiden Sekretärinnen, und stand etwas nervös vor seinem Schreibtisch. Er war mit irgendetwas beschäftigt und es verging eine kleine Weile, bis er sich von seinem Monitor abwandte und mir Aufmerksamkeit schenkte. Er hatte überhaupt keine Ahnung, dass ich etwas Grundsätzliches ändern wollte: Ich wollte weniger arbeiten! Ich wollte auf Geld verzichten, um anderen Dingen höhere Prioritäten in meinem Leben zu geben. Glauben Sie mir, ich wusste auch nicht, wie er reagieren würde. Und ich hatte mich nicht einmal besonders gründlich mit dem Thema Teilzeit beschäftigt, und entsprechend hatte ich viele offene Fragen zur Teilzeit: was sich zum Beispiel an meinem Urlaubsanspruch ändert oder wer meine Arbeit macht, wenn ich nicht da bin. Hinzu kam dieser grundsätzliche Zweifel, ob es überhaupt legal und normal ist, weniger zu arbeiten. Aber ich wollte etwas ändern in meinem Leben, unbedingt!

Konnte er Nein sagen, konnte er meinen Wunsch ablehnen? Ich hatte keine Gegenargumente vorbereitet, um nachzulegen, falls er meinem Wunsch nicht folgen wollte. Gut, ich war sieben Jahre Hörfunkmoderator in Bayern und ein Jahr in Hessen, deshalb schon recht schlagfertig und eigentlich nie um einen Spruch oder eine kesse Gegenfrage verlegen. Dennoch war ich angespannt. Da stand ich also im Büro des Chefs meines Chefs und sagte etwas zögerlich, dass ich Teilzeit arbeiten wolle, um meinen Doktor zu machen. Völlig verblüfft erwiderte er: »Oh Gott, der Nächste! Natürlich dürfen Sie das, Herr Mengewein, so wie alle anderen Kollegen das auch dürfen! Da sind Sie ja nicht der Erste, der bei mir hier steht. Ich gratuliere Ihnen sogar, denn eigentlich wollte ich auch immer noch mal promovieren, habe es aber wegen des Jobs hier nie mehr geschafft. Ich komme einfach bei all den Terminen und Aufgaben nicht dazu, selbst eine Tätigkeit an der Universität fortzuführen, auch wenn ich alle nötigen Kontakte hätte, Sie aber leider aktuell nicht nutzen kann. Promovieren Sie, Herr Mengewein, und halten Sie mich bitte auf dem Laufenden, ja? Ach so, melden Sie sich in der Personalabteilung und besprechen Sie die Details bitte dort und stellen dann einen Antrag auf Teilzeit.« Er gab mir zu verstehen, dass er noch etwas Wichtiges zu tun habe, und wirkte auf mich nachdenklich, so als ob er sein Leben noch mal reflektieren wollte.

Ich verließ sein Büro mit einem großartigen Gefühl. Das war's also schon?! Ich hatte mit Widerstand gerechnet, zumindest mit einem verächtlichen Blick oder irgendeiner Abwehrhaltung, einer Frage wie: »Herr Mengewein, warum wollen Sie denn kürzertreten? Sie haben doch alle Privilegien, die es hier so gibt im Haus: ein eigenes Büro, Laptop, Diensthandy, Fortbildungen, Mitarbeiterverantwortung, spannende Projekte, Dienstreisen und so weiter. Was ist passiert? Sie sind noch so jung! Sind Sie krank geworden? Werden Sie Vater? Ist etwas passiert? Geht es Ihnen gut?« Aber nichts davon. Meinem »großen« Boss war wohl bewusst, dass jeder seiner treuen Gefolgsleute die Reißleine ziehen konnte – mit Teilzeit. Und er wusste, dass man den Wunsch auf eine Stundenreduzierung in großen Firmen kaum ablehnen konnte.

Ja, ich hatte Bammel vor dem Gespräch. Ich war mir nicht sicher, wie es laufen würde. Und natürlich ahnte ich nicht, dass es so widerstandslos vonstatten gehen würde. Aber heute weiß ich: So, wie es bei mir lief, kann auch Ihr Teilzeit-Gespräch mit Ihrem Vorgesetzten stattfinden.

Sie sind nicht allein!

Teilzeit liegt im Trend, das haben wir eben schon gehört. Die Zahl der Menschen, die einer Teilzeitbeschäftigung nachgehen, steigt kontinuierlich, und das ist auch gut so. Vorausgesagt hatte dies bereits 1930 der Ökonom John Maynard Keynes in seinem Essay »Economic Possibilities for our Grandchildren«. Darin erklärt er, dass seine Enkel in circa 100 Jahren nur noch 15 Stunden in der Woche arbeiten müssten, denn mehr sei für ein gutes Leben am Anfang des 21. Jahrhunderts nicht mehr erforderlich.

Eine deutschlandweite Betrachtung der durchschnittlichen Arbeitszeit in den letzten 25 Jahren bestätigt diese Entwicklung:[6] Lag die Teilzeitquote 1992 noch knapp unter 20 Prozent, stieg sie bis Anfang 2017 auf das Doppelte, Tendenz steigend. In der Schweiz ist für den betrachteten Zeitraum ebenfalls eine Zunahme der Teilzeitarbeit zu verzeichnen,[7] und auch in Österreich ist die Teilzeitquote gestiegen.[8] Die von Keynes vorausgesagte Wochenarbeitszeit von 15 Stunden ist allerdings noch lange nicht in Sicht – aber so schnell wollen wir die Hoffnung ja nicht aufgeben. Das Arbeiten in Teilzeit hat also über die letzten 25 Jahre hinweg erheblich an Bedeutung gewonnen. Die Gründe sind vielfältig, wie 2015 eine Studie aus der deutschsprachigen Schweiz zeigt. Darin wurden Väter, die Teilzeit arbeiten, gefragt, warum sie sich für dieses Arbeitsmodell und gegen eine Vollzeitbeschäftigung entschieden hatten. Das Hauptmotiv war, mehr Zeit für die Kinder und den Haushalt zu haben, gefolgt vom Wunsch, Männer und Frauen in der Beziehung gleichberechtigt zu behandeln. An dritter Stelle wurde genannt: »Um mehr Zeit für mich zu haben.« Lediglich ein kleiner Prozentsatz der befragten Männer im Alter von 20 bis 64 Jahren gab an, dass ihr Arbeitgeber nicht in der Lage sei, ihnen eine volle Stelle anzubieten. Die persönlichen Gründe für Väter, in Teilzeit zu arbeiten, überwiegen die betrieblichen also bei Weitem – und das völlig unabhängig vom Alter.

Der Wunsch, weniger zu arbeiten und mehr Zeit für die Familie oder auch für sich selbst zu gewinnen, ist klar erkennbar. Der generelle Trend zur Teilzeitarbeit und die Ergebnisse der Umfrage aus der Schweiz zeigen auch: Sie sind mit dem Wunsch nach mehr Zeit nicht allein! Auch in den »besten Jahren« ist es legitim, über eine Lebensalternative nachzudenken – denn die gibt es ganz gewiss.

Gute Gründe fürs Kürzertreten

Die Gründe, die Arbeitszeit zu reduzieren, sind ebenso vielfältig und unterschiedlich wie unsere Lebensentwürfe und unsere persönlichen Wünsche. Das bedeutet: Wir setzen unsere Prioritäten selbst, es gibt nicht die eine mehr oder weniger gute Rechtfertigung für den Wunsch, Teilzeit zu arbeiten. Jeder Anlass, den Sie persönlich als relevant erachten, ist es auch!

Unterstützt wird diese Sichtweise sogar vom Gesetzgeber, denn wenn Sie bei Ihrem Chef Teilzeit beantragen, sind Sie nicht verpflichtet, eine Begründung anzugeben.[9] Nichtsdestotrotz wird eine Erläuterung Ihrer Motive sinnvoll sein, um den Arbeitgeber von Ihrem Anliegen zu überzeugen und Auseinandersetzungen vorzubeugen. Lernen Sie aus meinen Erfahrungen, die ich hier zu Papier gebracht habe, denn es ist immer hilfreich, unnötige Fehler und Reibungsflächen zu vermeiden. Bei meiner ersten Teilzeit habe ich es nämlich versäumt, über die Reduktion meiner Aufgaben zu reden. Dazu später mehr.

Bei vielen Menschen entspringt der Wunsch nach Teilzeit natürlich nach wie vor aus familiären Belangen, vor allem den Bedürfnissen unserer Kinder. Bei mir waren es erst das Promotionsvorhaben, bei der zweiten Teilzeit vor ein paar Jahren familiäre Gründe – es war meine Mutter, die meine Unterstützung brauchte –, später die Erfüllung lang gehegter Wünsche, die mich veranlassten, meine Arbeitszeit zu reduzieren. Daneben gibt es viele weitere gute Gründe, in Teilzeit zu gehen. »Um mehr Zeit für mich zu haben« ist so ein Grund, den ich in meinem Umfeld häufig höre. Weniger arbeiten, um beispielsweise zu reisen, die Natur zu erleben oder wieder mehr Sport zu treiben. Daneben existieren aber rein praktische Gründe, beispielsweise der Bau eines Eigenheims oder vielleicht auch einfach nur das Bedürfnis, aus dem alltäglichen Trott auszubrechen und wieder etwas Abwechslung in das eigene Leben zu bringen. Obwohl der Wunsch, für die Kinder oder für Angehörige zu sorgen, in seiner Relevanz sofort nachzuvollziehen ist, haben auch auf den oberflächlichen Blick vermeintlich egoistische Gründe, etwa »mehr Zeit für mich«, eine starke Berechtigung.

Alle sollten die Möglichkeit haben, eine Lebensalternative zu bekommen oder zumindest einmal über neue Wege nachzudenken, schließlich haben wir nur dieses eine Leben. Lassen Sie sich also nicht von Ihrem vielleicht bisher unausgesprochenen Wunsch nach einer Arbeit in Teilzeit abbringen. Nur Sie entscheiden, ob die Gründe für Ihre Entscheidung berechtigt und wertvoll sind! Lassen Sie sich nicht beirren – denn obwohl der Trend klar Richtung weniger Arbeit und mehr Leben geht, werden Sie in Ihrem Umfeld auf Unverständnis, auf Sorge, vielleicht sogar auf Missgunst treffen. Das gilt besonders dann, wenn Sie sich als »Mann in den besten Jahren« weigern, den Großteil Ihrer Zeit Ihrer Karriere und dem Geldverdienen zu opfern. Und gerade als Mann ist es auch heute noch so, dass man schief angesehen wird, wenn man Teilzeit beantragt.

Dabei wird oft ignoriert, dass eine Reduktion der Arbeitszeit meist weniger Stress und entsprechend einen Zuwachs an Lebensqualität bedeutet. Die Stressstudie der Techniker Krankenkasse aus dem Jahr 2016 identifiziert jedenfalls die Arbeit als häufigste Stressursache. Demnach nehmen vor allem die Männer ihre Arbeit als Stressfaktor wahr – mehr als jeder zweite Befragte fühlt sich von seiner Arbeit gestresst. Bei den Frauen kommt die Arbeit immerhin auf Platz 2 der Stressauslöser, direkt nach zu hohen Ansprüchen an sich selbst.[10]

Der Hauptfaktor für Stress bei der Arbeit ist – sowohl für Voll- als auch Teilzeitbeschäftigte – zu viel Arbeit. Nicht wirklich überraschend, oder? So war es auch lange bei mir in Vollzeit mit dem Zuviel an Arbeit. Dabei empfinden dies laut Umfrage der Techniker Krankenkasse fast 70 Prozent der Befragten in Vollzeit und lediglich 46 Prozent der Teilzeitbeschäftigten. Ein ähnliches Bild zeigt sich in Bezug auf den durch Termindruck und Hetze verursachten Stress: Auch hier liegt die Zahl der gestressten Vollzeitbeschäftigten über 20 Prozentpunkte höher als die der Teilzeitbeschäftigten.[11]

Die Hauptstrategie der Befragten, mit dem Stress umzugehen, folgt übrigens dem Motto »Augen zu und durch!«. Durchhalten und hoffen, dass es irgendwann von selbst besser wird, ist in allen Altersgruppen die häufigste Reaktion auf Stress.[12] Ist Ihnen dieses Muster bekannt? Aber wie weit darf dieses Durchhalte-Credo gehen – wann ist Schluss? Muss man erst mal am Arbeitsplatz vor Erschöpfung zusammenbrechen, bevor man etwas ändert oder ändern muss, weil der Arzt attestiert, dass es so nicht weitergehen kann?

In meinen vielen Arbeitsjahren gab es immer wieder mal Negativbeispiele, bei denen ich leider miterleben musste, wie sich Vorgesetzte und Kollegen für den Job oder ein Projekt völlig verausgabten, manchmal sogar kollabierten und vom Notarzt ins Krankenhaus verfrachtet wurden. Vor Kurzem ist wieder ein lieber Kollege in seinen besten Jahren verstorben, leider kein Einzelfall: R. I. P.! Wofür? Ändern Sie noch heute Ihr Leben, machen Sie Teilzeit, und erfüllen Sie sich Ihre Träume – bevor es möglicherweise zu spät ist.

Ich persönlich rufe mir im Zweifel gerne Jigme Singye Wangchuck, den früheren Monarchen von Bhutan, in Erinnerung: Er stellte bereits in den 1980er-Jahren das Streben nach dem Bruttosozialglück über das Streben nach einem immer höheren Bruttosozialprodukt – eine Entscheidung, die ihm viel Verwunderung, aber auch großes Interesse eingebracht hat. Das Bruttosozialglück und seine Auswirkungen auf die Bevölkerung werden inzwischen von internationalen Wissenschaftlern untersucht. Im Rahmen einer Erhebung des Glücks flossen neben dem Lebensstandard und der Gesundheit der Bevölkerung auch die Verteilung und Verwendung der Zeit ein. Die Zeit als Faktor des Glücks, das Glück der Bevölkerung als erklärtes Ziel der Regierung – dagegen wirken unsere 5 Prozent Teilzeit aus dem Mini-Max-Modell, das ich in Kapitel 3 vorstelle, wie ein kleiner Schritt.

Bruttosozialglück

Im Jahr 2005 erhielt das staatliche Zentrum für Bhutan-Studien den Auftrag, sich mit dem Konzept des Bruttosozialglücks auseinanderzusetzen und dieses auf wissenschaftlicher Basis systematisch zu erheben. Entsprechend wurde das Institut auch umbenannt in Centre for Bhutan Studies & Gross National Happiness.[13] Der vom Institut erarbeitete »Gross National Happiness Index« erfragt unter anderem die Zahl der Stunden, die durchschnittlich gearbeitet werden, sowie die Zahl der Stunden, die schlafend verbracht werden.[14]

Die Frage nach dem Lebensglück beziehungsweise der Lebenszufriedenheit hierzulande hat sich das Sozio-oekonomische Panel (SOEP) auf die Fahnen geschrieben. Seit 1984 werden jährlich mehr als 10.000 Personen dazu interviewt. Die Menschen in Deutschland sind demnach seit 2015 im Durchschnitt zufriedener als zu jedem anderen Zeitpunkt nach der Wiedervereinigung.[15]

Nach Bhutan und Deutschland haben wir in puncto Glück gerade geschaut, blicken wir einmal in andere Länder. Der Anteil der Teilzeitbeschäftigten in Europa ist über die letzten Jahre stetig gewachsen. Werfen wir einen Blick zurück: Klarer Spitzenreiter waren schon im Jahr 2010 die Niederlande mit fast 50 Prozent Teilzeitbeschäftigten – eine wirklich enorme und beachtenswerte Entwicklung! Der EU-Durchschnitt lag übrigens 2010 bei 19 Prozent, Deutschland und die Schweiz sowie die meisten skandinavischen Länder lagen deutlich darüber. Lediglich in Polen, Rumänien und einigen kleineren Ländern sank die Quote der Teilzeitbeschäftigten zwischen 2000 und 2010. Auffällig ist, dass Teilzeitarbeit vor allem von Frauen ausgeübt wird: Fast ein Drittel der Frauen in der EU arbeitet in Teilzeit, aber nur ein kleiner Prozentsatz der Männer; der Trend ist aber über alle Altersstufen hinweg steigend.[16] Auch in Deutschland ist das ähnlich, das untermauern die aktuellen Zahlen der Arbeitsagentur: 47 Prozent aller sozialversicherungspflichtig beschäftigten Frauen arbeiteten hierzulande im Juni 2016 in Teilzeit, und bei den Männern war es jeder Zehnte.[17]

Mit weniger zum Trendsetter!

Teilzeit, so zeigt sich, ist nicht die Folge prekärer Beschäftigungsverhältnisse – sie liegt wirklich im Trend. Positive Beispiele kommen etwa aus Schweden, einem Land, das immer wieder aufgrund seiner Experimente mit neuen Arbeitszeitmodellen hervorsticht.

So arbeiten beispielsweise im Stockholmer Start-up Brath, spezialisiert auf Suchmaschinenoptimierung, alle Angestellten seit 2013 auf der Basis einer 30-Stunden-Woche. Brath begründet das mit einem klaren Wettbewerbsvorteil: Aufgrund der kürzeren Arbeitszeiten ist das Unternehmen in der Lage, qualifizierteres Personal zu rekrutieren und langfristig zu halten – ein Faktor, der in Zeiten des Fachkräftemangels an Bedeutung gewinnt. Mehr Zeit schlägt für die Angestellten in diesem Fall offensichtlich mehr Geld. Zudem meint Brath, dass die eigenen Mitarbeiter in 6 Stunden produktiver seien als die der Wettbewerber in 8 Stunden, denn niemand könne so lange kreativ sein, und generell seien die Kollegen gelassener. Mal länger zu arbeiten, das bedeutet bei Brath, an einem Tag 7 oder 8 Stunden im Büro zu sein. Und das heißt: Selbst wenn Überstunden anfallen, können die Angestellten noch zu einer akzeptablen Uhrzeit nach Hause gehen. Der Geschäftsführer beschreibt dieses Phänomen treffend so: »Think about it, when mom comes home late, she comes home at 5.«[18]

Ebenso erfolgreich war die Einführung eines 6-Stunden-Tags auf der orthopädischen Station der Sahlgrenska-Universitätsklinik im schwedischen Göteborg. Aufgrund der arbeitsintensiven und anstrengenden Tätigkeit, vor allem im Operationssaal, gab es zu wenig Bewerber und massive Probleme bei der Stellenbesetzung. Mit der Einführung des 6-Stunden-Tags konnten diese überwunden werden. Da die Station 24 Stunden besetzt sein muss, wurden 15 Mitarbeiter zusätzlich eingestellt. Dies hatte zwar höhere Kosten zur Folge, allerdings stieg auch die Zahl der Operationen, was zu vermehrten Einnahmen der Uniklinik führte. Gleichzeitig reduzierten sich die Wartezeiten für die Patienten und die Mitarbeiter wurden seltener krank – ein lohnendes Modell für die Klinik.

Und als drittes Positivbeispiel möchte ich Ihnen das Servicecenter des Toyota-Werks in Göteborg vorstellen. Bereits seit 2003 ist hier die tägliche Arbeitszeit der Mitarbeiter auf 6 Stunden begrenzt. Ziel bei der Einführung war es, lange Wartezeiten für die Kunden zu reduzieren und die Angestellten zu entlasten. Überrascht stellte man fest, dass die Angestellten in der kürzeren Zeit genauso viel, oft auch mehr als früher an einem 8-Stunden-Tag, schaffen. Das Unternehmen erwirtschaftet mehr Profit und die Mitarbeiter gewinnen jeden Tag 2 Stunden freie Zeit hinzu. Auch hier ist der 6-Stunden Tag für alle Beteiligten ein voller Erfolg.

Die Kürzung der Arbeitszeit kann also sowohl für Mitarbeiter als auch für Unternehmen positive Effekte bringen. Zu bedenken ist, dass diese jedoch immer abhängig von der jeweiligen Branche sowie der Umsetzung im Unternehmen sind. Vor allem Letztere ist essenziell für den Erfolg des Modells.[19]

Heiß diskutiert wurde etwa das Pilotprojekt in einem Göteborger Altenheim. Auch hier wurde die reguläre Arbeitszeit gekürzt, um die Motivation der Mitarbeiter zu verbessern, die Zahl der Krankheitstage zu reduzieren und die Pflege der Patienten zu verbessern. Um all diese Ziele zu erreichen, mussten ebenfalls mehr Kräfte eingestellt werden. Obwohl sich Produktivität und Gesundheit der Angestellten verbesserten, wurde das Projekt eingestellt. Grund dafür waren die hohen Kosten, vor allem bedingt durch die Neueinstellungen, welche die Stadt als Betreiber des Altenheims tragen musste. Nicht berücksichtigt werden konnten die gesunkenen Ausgaben im Rahmen der

Arbeitslosenhilfe, da diese lediglich dem Staat zugutekamen. Für die Stadt Göteborg alleine war das Projekt letztlich zu teuer. Bei einer Zusammenarbeit von Stadt und Staat, die sich beispielsweise in Form von Ausgleichszahlungen für die eingesparte Arbeitslosenhilfe hätte manifestieren können, wäre das Projekt vermutlich positiver zu beurteilen.[20]

Teilzeit für alle!

Auch bei uns in Deutschland werden immer wieder Stimmen laut, die mehr Selbstbestimmung bei der Entscheidung über Arbeitszeiten fordern – zuletzt im Rahmen des Beschlusses für die Einführung der Brückenteilzeit im Juni 2018.

Jörg Hofmann, Vorsitzender der IG Metall, forderte schon im Juni 2017 die Möglichkeit einer befristeten Arbeitszeitverkürzung, verbunden mit dem Recht, wieder in die Vollzeit zurückkehren zu dürfen. So sollten Beschäftigte ein Wahlrecht haben, um bei Bedarf ihre Arbeitszeit zu reduzieren – ohne Angst, sich selbst ins Aus zu manövrieren. Eine Anpassung der Arbeit an die Gegebenheiten des eigenen Lebens wäre so möglich.[21] Wunsch der IG Metall ist außerdem, in bestimmten Fällen die Arbeitszeitkürzung mit einem Entgeltausgleich zu verbinden. Das würde bedeuten, dass eine Kürzung der Arbeitszeit, die aufgrund gesellschaftlich wünschenswerter Gründe erfolgt, etwa die Pflege von Angehörigen, durch den Arbeitgeber finanziell unterstützt würde. Beide Forderungen werden aktuell von den Unternehmen abgelehnt. Die aktuelle Diskussion zeigt aber: Um Löhne wird kaum noch gestritten, zukünftig wird es eher um Fragen der Arbeitszeit gehen.[22]

Unterstützt wird die Forderung nach einer Neugestaltung unserer Arbeitszeiten durch die Kommission Arbeit der Zukunft der Hans-Böckler-Stiftung des Deutschen Gewerkschaftsbunds. Die Kommission wurde 2015 eingesetzt, um sich mit dem Wandel der Arbeitswelt auseinanderzusetzen. Die 32 Mitglieder aus Wissenschaft und Praxis sollen sich vor allem mit der Frage beschäftigen, wie Arbeit in Zukunft aussehen wird und welche Aufgaben auf die Arbeitspolitik zukommen. Entsprechend hat die Kommission Denkanstöße erarbeitet und empfiehlt – neben einem Recht auf eine begründungsfreie Auszeit, einem flexiblen Zeitbudget für Pflegezeiten und Lohnersatzleistungen für Sorgezeiten – eine stärkere Arbeitszeitsouveränität der Beschäftigten. Ziel hierbei ist die Möglichkeit eines individuellen Aushandelns der Arbeitszeit zwischen Arbeitgeber und Arbeitnehmer. Die Kommission schlägt deshalb Verhaltensregeln vor, damit Erwerbstätige auf Augenhöhe, die Kommission nennt das einen »kollektiven Rahmen«, mit den Arbeitgebern Arbeitszeiten aushandeln können. Dieser kollektive Rahmen würde Mitarbeitern erleichtern, ihre Vorstellungen von einer besseren Work-Life-Balance umzusetzen, ohne dass betriebliche Belange unberücksichtigt bleiben.[23]

Viele Firmen haben das Thema Teilzeit in Kombination mit flexiblen Arbeitszeitmodellen als Anreiz entdeckt, um leichter qualifizierte Fach- und Führungskräfte auf dem hart umkämpften Arbeitsmarkt anzuwerben. Teilzeit sticht Bonuszahlungen! Denn heute bekommt man qualifizierte Nachwuchsfachkräfte nicht mehr nur über Geld, sondern eben über Teilzeit- und andere flexible Arbeitszeitmodelle, die eine ausgeglichene Work-Life-Balance ermöglichen.

Bestätigt wird das auch durch eine Studie des Kienbaum Instituts, das Hochschulabsolventen der Generation Y unter anderem nach den ausschlaggebenden Kriterien für die Wahl ihres zukünftigen Arbeitgebers befragte: Deutlich über 50 Prozent der Absolventen gaben Work-Life-Balance als Entscheidungsfaktor an – diese erreicht damit den zweiten Platz auf der Liste der relevanten Kriterien. Lediglich eine kollegiale Arbeitsatmosphäre wird als noch wichtiger bei der Wahl des Arbeitgebers erachtet.[24] Man wird also nicht umhinkommen, die strikten 9-to-5-Modelle aufzulockern und Mitarbeiter mit familienfreundlichen Arbeitszeitmodellen zu locken, um das bisherige Personal zu halten und neues rekrutieren zu können.

Dass ein Ruck durch unsere Arbeitsgesellschaft geht, zeigt der wegweisende Tarifabschluss zwischen IG Metall und Arbeitgeberverband aus dem Frühjahr 2018. Demnach haben die Beschäftigten bei ihrer Arbeitszeit künftig deutlich mehr zu sagen als bisher. Die Tarifpartner haben nämlich im Rahmen des Pilotabschlusses für die Metall- und Elektroindustrie in Baden-Württemberg ein volles Rückkehrrecht in Vollzeit nach einer Teilzeitphase vereinbart. Ab 2019 können die Beschäftigten ihre Arbeitszeit auf bis zu 28 Stunden reduzieren, und das für bis zu 2 Jahre.[25] Macht das Schule, stehen wir in puncto Teilzeit vor einer kleinen Revolution. Und auch die Bundesregierung hat mit der neuen »Brückenteilzeit« beschlossen, dass Arbeitnehmer unter bestimmten Voraussetzungen hierzulande ein Rückkehrrecht auf Vollzeit haben.

Wir lernen langsam, aber sicher: Zufriedene Mitarbeiter mit einer ausgeglichenen Work-Life-Balance sind gesünder, zufriedener und produktiver als der Shareholder-Value der Aktionäre. Auch meine jahrelangen Erfahrungen mit Teilzeit haben mir gezeigt, dass man so viel mehr aus seinem Leben machen kann und trotz oder gerade wegen der Teilzeit in der Firma ein wichtiger und geschätzter Mitarbeiter sein kann, und das sogar mit weniger stressbedingten Fehlzeiten.

2
Wie Teilzeit mehr Freiheit bringt

Mit Ihrem Teilzeitwunsch sind Sie nicht alleine, wie Sie in Kapitel 1 gelesen haben. Teilzeit ist erwiesenermaßen ein Megatrend – und schafft mehr Lebensqualität.

Wissen Sie, woran ich erkenne, dass ich mehr Lebensqualität mit meiner Teilzeit gewonnen habe? Ich notiere mir nämlich alle Dinge, die ich noch zu erledigen habe, in einer kleinen Notizen-App auf meinem Smartphone. Wenn ich etwas einkaufen möchte, erstelle ich ebenso eine Notiz, und auch, wenn ich ein Geschenk für einen Freund besorgen will, das Auto durch den TÜV fahren muss oder bei der Post etwas abzuholen ist. Besonders wichtige Notizen kann ich weiter nach oben ziehen, und irgendwann arbeite ich eine Aufgabe nach der anderen ab. Seitdem ich Teilzeit mache, ist diese Liste ziemlich kurz. Ich habe endlich Zeit, um alles zu Erledigende zeitnah abzuhaken – ohne dass sich viel ansammelt und ohne dass es mich belastet, weil die Liste zu lang wird. Und sobald meine Liste wieder leer ist, fühle ich mich befreit. Dann habe ich wieder Luft, eine Lücke, etwas Raum und Zeit, um mich zum Beispiel zu belohnen – mit einer Thaimassage, mit einer Runde Radfahren am Rhein oder mit einem Treffen mit einem guten Freund.

Als ich noch Vollzeit arbeitete, war meine Erledigungsliste extrem lang. Ich kam teilweise auf mehr als 100 digitale Zettelchen und konnte meist gerade mal die wichtigsten abarbeiten – und ständig kamen neue hinzu. Viele Dinge – einem Schulfreund zum Geburtstag zu gratulieren, Sport zu machen, für meine Partnerin Blumen zu kaufen – gingen einfach unter, obwohl der gute Vorsatz ja vorhanden und sogar niedergeschrieben war. Nur an der Umsetzung scheiterte es damals regelmäßig, mangels Zeit. Wie organisieren Sie Ihre Dinge, die noch zu erledigen sind? Wäre es nicht klasse, wenn Sie endlich Zeit dafür hätten, all diese Punkte abgehakt zu haben? Mit etwas Teilzeit geht das. Bloß wie stellen Sie das am besten an?

Mehr Leben ist das Ziel

Vielleicht wollen Sie erst mal nur ein bisschen reduzieren? Schauen, was dann so passiert, bevor Sie so »richtig« Teilzeit wagen? Im nächsten Kapitel 3 stelle ich Ihnen deshalb detailliert einige erstaunlich wirkungsvolle Modelle vor.

Alle Modelle bis zu 20 Prozent – die sogenannten »vollzeitnahen« Teilzeitmodelle – potenzieren Ihre Freizeit bei geringem finanziellen Einsatz! Die Teilzeit ist letztlich für Sie nur als Vehikel gedacht und nicht das eigentliche Ziel. Ziel ist es, Ihren möglicherweise schon eingefahrenen Alltag aufzuhübschen und Ihrem Leben wieder mehr Freude, Entdeckungen und Abenteuer einzuhauchen. Oder brauchen Sie vielleicht erst mal einen kleinen Tapetenwechsel, also einfach etwas Abwechslung, und müssen mal wieder raus an die frische Luft, wollen endlich wieder mal ein Buch im Strandkorb lesen, ein Heimwerkerprojekt umsetzen, das Ihr Zuhause verschönert, einen Pilgerweg entlangwandern, um innere Ruhe zu finden, oder ein Ehrenamt übernehmen, um sich sozial zu engagieren?

Mit der gewonnenen Zeit können Sie endlich das machen, was Sie schon immer tun wollten. Verwirklichen Sie sich selbst, und zwar mit Teilzeitarbeit! Nehmen Sie sich Zeit, um etwas aus Ihren Talenten zu machen, oder kümmern Sie sich um Ihre liebsten Menschen, treiben Sie wieder mehr Sport oder besuchen Sie öfter das Theater. Gehen Sie unter Leute, treffen Sie Menschen, die Ihnen tatsächlich etwas bedeuten – das müssen ja nicht immer nur die vertrauten Kollegen sein. Tun Sie einfach, was Sie wollen!

Der Wunsch, weniger zu arbeiten, ist eine der stärksten Fantasien der arbeitenden Bevölkerung. Auf dem Sterbebett werden Sie vermutlich nicht sagen: »Ach, hätte ich bloß mehr Zeit im Büro verbracht!« Oder an einem anderen Arbeitsort wie in einer Praxis, an einem Fließband oder hinter einer Theke. Die australische Krankenschwester Bronnie Ware hat viele Patienten während derer letzten Stunden am Sterbebett begleitet. Und sie hat festgehalten, von welchen unerfüllten Wünschen ihr am häufigsten erzählt wurde:

- »Ich wünschte, ich wäre mutig genug gewesen, mein eigenes Leben zu führen – anstatt eines, das andere von mir erwarteten.«
- »Ich wünschte, ich hätte nicht so viel gearbeitet.«
- »Ich wünschte, ich wäre mutig genug gewesen, meine Gefühle zu zeigen.«
- »Ich wünschte, ich wäre mit meinen Freunden in Kontakt geblieben.«
- »Ich wünschte, ich hätte mich glücklicher sein lassen.«[26]

Während meiner ersten Berufsjahre konnte ich die Welt meist nur sehnsuchtsvoll mit der Maus auf der digitalen Weltkarte von Google Maps bereisen. Ich war virtuell fast überall: von den Niagarafällen über Hawaii bis Neuseeland. Aber eben nur digital und meist aus der Vogelperspektive – nicht in »real life«. Die wenigen Urlaubswochen im Jahr verbrachte ich nicht mit schönen Reisen, sondern anfangs mit dem Umzug in eine andere Stadt, mit der Renovierung der neuen Wohnung und mit Besuchen in meiner Heimat, da ich ja den Kontakt zu Familie und Freunden halten wollte.

Mein Wunsch aber war es, möglichst viele der sehenswerten Orte auf dieser Welt einmal zu bereisen. Und mit dem Teilzeitmodell 2-Wochen-Arbeit-2-Wochen-Reisen, das meine Bewegungsfreiheit enorm erweiterte, konnte ich inzwischen schon so viele ferne Ziele sehen, was mir mit dem normalen Urlaub als Vollzeitarbeiter kaum gelungen wäre, zumindest nicht in der Kürze der Zeit. Ich ergänze obige Liste also mit:

– »Ich wünschte, ich hätte alle Orte bereist, die ich gerne gesehen hätte.«

Jeden Monat arbeite ich nun daran, dass ich das nie in meinem Sterbebett sagen werde!

Erfüllen auch Sie sich Ihre Lebenswünsche und werden Sie dabei immer glücklicher – Teilzeit macht es möglich. Und selbst wenn Sie momentan gar kein großes Selbstverwirklichungsprojekt haben: Etwas Abstand zum Alltag mit seinen kräftezehrenden Routinepflichten tut immer gut und verleiht Ihrer Kreativität neuen Schwung. Es wäre doch schade, wenn Sie das verpassen und nicht zumindest einmal in Ihrem vielleicht 40-jährigen Arbeitsleben ein Teilzeitmodell ausprobieren! Ab 2019 wird es für Sie in Deutschland noch einfacher, als es je war. Es ist erlaubt und erwünscht, zumindest mal darüber nachzudenken. Gestatten Sie sich einfach mal neue Gedanken über Ihr Leben, Ihre Zeit und darüber, wie Sie diese eigentlich füllen wollen. Fragen Sie sich bitte, ob Sie Gestalter Ihrer Zeit sind oder ob andere Ihre Zeit gestalten. Agieren Sie oder reagieren Sie nur noch?

Welche positiven Auswirkungen hat denn Teilzeit grundsätzlich? Aus meiner Erfahrung empfindet man die Reduzierung der Arbeitszeit als äußerst befreiend und zutiefst bereichernd. So ging es mir jedenfalls. Von den abgearbeiteten Erledigungsnotizen habe ich ja eben schon berichtet. Doch was daraus folgt, ist das, wofür es sich lohnt zu leben. Sind Sie erst einmal befreit von Ihren Pflichten, von den lästigen Dingen, die noch unbedingt heute getan werden müssen, losgelöst von Terminen und geschäftlichen Gesprächen, dann sind Sie frei, das zu tun, was auch immer Sie tun wollen und worauf Sie sich schon immer gefreut haben – ein großartiges Gefühl!

Ein ähnliches Gefühl hatte ich, als ich das Abitur in der Tasche hatte und voller Stolz aus der Schule trat. Endlich war die Schule vorbei! Ein unbeschreibliches Freiheitsgefühl durchströmte mich damals, ich hätte die Welt umarmen können. Es war ein sonniger Tag, ich war jung und stark und konnte mein Leben endlich gestalten, wie ich es wollte.

So hat sich das Ende meiner Schulzeit angefühlt, und heute ist es ähnlich wie damals, nur eben zu Beginn einer jeden Teilzeitphase. Und davon habe ich aktuell jeden Monat eine, denn derzeit arbeite ich in dem Modell 3-Wochen-Arbeit-1-Woche-Freizeit mit dem »Nie-mehr-Schule-Gefühl«. Welch ein Geschenk, jeden Monat eine Woche »Urlaub« zu haben. Mindestens eine Woche, denn ich habe ja auch noch Urlaubstage, die ich mit meinen Freiwochen verbinden kann.

Mit Teilzeit hatte ich wieder sehr viel mehr Zeit, war stets bestens ausgeruht, mit Energie zu 100 Prozent geladen und prall gefüllt mit Lebenslust. Ich konnte die Dinge endlich in aller Ruhe und mit hinreichend Geduld angehen. Das merkte natürlich mein persönliches Umfeld sofort – und schätzte mich dafür noch ein wenig mehr als zuvor. Schluss mit dem dauernden Stress, der irren Hektik und dem ständigen Termindruck!

Gehen Sie alle Tätigkeiten in Ihrer neuen Teilzeit bitte mit mehr Muße und Liebe zum Detail an. Ein asiatisches Sprichwort sagt: »Tue, was du tust!« Das will uns sagen: Machen Sie nur eine Sache, nicht mehrere gleichzeitig. Lassen Sie sich nicht ablenken. Wenn Sie sich auf eine Sache konzentrieren und all Ihre Energien bündeln, können Sie erstaunliche und großartige Dinge vollbringen – wie beim Bruchtest im Taekwondo. Ein Bruchtest ist quasi ein sichtbarer Beweis dafür, dass man in einem einzigen winzigen Moment alles genau richtig macht. Dazu gehören: Technik, Kraft, Atmung, Kampfschrei, Spannung, Energie, Konzentration, Disziplin, Durchhaltevermögen, Wille und Mut. Ich hätte nie geglaubt, bevor ich es nicht mit meinen eigenen Augen gesehen habe, wozu unser Körper imstande ist: Man kann tatsächlich mit einer Handtechnik Steine zerbrechen. Mit meiner rechten Handkante habe ich es tatsächlich selbst geschafft, einen Ziegelstein zu zerbrechen! Fotos davon sehen Sie auf der Webseite zum Buch unter www.halbearbeitganzesleben.de.

Das können Sie sicher auch, nur denken Sie daran: Erst Übung macht den Meister! Und erst das nötige Wissen um die Technik zeigt Ihrem Geist den Weg zur Stärke. Denn selbst wenn Sie sich jetzt noch so sehr konzentrieren und auf einen Ziegelstein einhämmern, er würde zunächst kaum zerbrechen, und womöglich würden Sie sich dabei verletzen. Doch die regelmäßige Wiederholung lässt Sie physisch und psychisch stärker werden, und zwar so sehr, dass Sie über sich selbst hinauswachsen. Falls Sie einmal einen solch schier unglaublichen Bruchtest sehen wollen, suchen Sie im Internet einfach nach den Stichworten: »Bruchtest Kwon Jae Hwa«. Kwon Jae Hwa ist übrigens der Name des Großmeisters meines Großmeisters, der bekannt dafür ist, Bachsteine mit einer besonderen Innenhandkantentechnik zu zerschlagen. Großmeister Kwon ist eines meiner großen Vorbilder!

Was können Sie nun daraus lernen? Tun Sie nur eine Sache und planen Sie diese genau, damit Ihr künftiges Leben auch tatsächlich glücklicher wird. Allein Sie haben es in Ihrer künftigen »steinezerbrechenden« Hand – und natürlich mit diesem Buch. Und das Beste: Es braucht nur ein Gespräch mit Ihrem Chef, einen schriftlichen Antrag und wenige Wochen Wartezeit, und schon können Sie loslegen.

Keine Angst vor Teilzeit

Haben Sie schon Appetit auf einen ersten Teilzeit-Versuchsballon? Zunächst möchte ich Ihnen die Angst davor nehmen, ein Teilzeitmodell überhaupt in Angriff zu nehmen. Vielleicht zögern Sie noch,

– *weil Ihnen das nötige Teilzeit-Know-how fehlt?* Mit diesem Buch halten Sie alles in Ihren Händen, was Sie wissen müssen, um glücklicher und selbstbestimmter in Teilzeit zu leben, sich vielleicht sogar nebenbei selbstständig zu machen oder irgendwann wieder in Vollzeit zu arbeiten – falls Sie das dann überhaupt noch möchten.
– *weil Sie einen Einkommensverlust befürchten?* Dass Sie nicht wirklich auf Geld verzichten müssen – zumindest bei den vollzeitnahen Modellen –, rechne ich Ihnen im Kapitel 5 genau vor. Bei manchen Modellen machen Sie sogar ein kleines Plus, weil Sie Fahrtkosten und andere Ausgaben sparen. Und bei den vollzeitfernen Modellen

können Sie sogar unterm Strich besser dastehen als bisher, wenn Sie Ihre Talente fördern und sich ein eigenes zweites Standbein aufbauen.

– *weil Sie einen Karriereknick fürchten?* Das muss nicht sein, gerade wenn es sich um eine befristete Teilzeitvariante handelt, also ein garantierter Wiedereinstieg schriftlich fixiert wurde. Im Gegenteil: Nach einem Sabbatjahr etwa sind Sie möglicherweise besser qualifiziert und inspirierter als ohne die Auszeit. Und wenn Sie sich in Ihrer Teilzeit große Wünsche wie eine Weltumsegelung erfüllen, sind Sie anschließend viel entspannter, weil Sie einmal das tun konnten, was Sie schon immer machen wollten. Und inzwischen gibt es auch einige Beispiele für Führungskräfte, die sich in Teilzeit eine Stelle teilen (siehe Kapitel 7).
– *weil Sie sich um den Verlust Ihres Arbeitsplatzes sorgen?* Nein, davor brauchen Sie keine Angst zu haben, denn es ist Ihr gutes Recht, Teilzeit zu arbeiten und auch unter verschiedenen Umständen wieder in Vollzeit zurückzukehren. Alle rechtlichen Aspekte besprechen wir in Kapitel 5. Sie haben den gleichen Kündigungsschutz wie zuvor und dürfen nicht gekündigt werden, weil Sie in Teilzeit arbeiten wollen.
– *weil Sie eventuell Angst davor haben, im Job wegen Teilzeit in irgendeiner Form benachteiligt zu werden?* Nein, das brauchen Sie nicht, denn Teilzeitkräfte dürfen ohne sachlichen Grund nicht schlechtergestellt werden als Vollzeitbeschäftigte. Das zu wissen ist wichtig für Sie, damit Sie sich wehren können, falls Ihnen jemand wegen Ihrer Teilzeit zum Beispiel ein Fortbildungsseminar nicht genehmigen möchte oder den Zugang zu betrieblichen Einrichtungen wie einer Kantine oder einem Betriebskindergarten verwehrt.
– *weil es in Ihrer Firma viel zu tun gibt und Sie die Kollegen mit der Arbeit nicht alleine lassen wollen?* Das ist ein wichtiger Punkt, bei dem der Teilzeit-Trojaner – den erkläre ich später in Kapitel 3 – auf eine andere Weise wirken kann. Möglicherweise verstehen Sie sich mit Ihren Kollegen gut, sind ein eingeschworenes Team und empfinden es

selbst sogar so, als würden Sie sie im Stich lassen, weil Sie in Teilzeit gehen. Aber es ist, objektiv betrachtet, ja nicht Ihr selbst verursachtes Problem, wenn Sie sich quasi unersetzlich im Job gemacht haben. Sehen Sie es doch eher so, dass das Team personell grundsätzlich zu dünn aufgestellt ist und die Ziele des Managements vielleicht unrealistisch hoch gesteckt wurden. Teilzeit ist doch in etwa wie Urlaub, in dem Sie ja ebenfalls phasenweise abwesend sind. Und was hilft es Ihnen, wenn Sie im Job unentbehrlich geworden sind, aber vielleicht irgendwann umfallen und krankheitsbedingt komplett ausfallen würden? Da hilft Ihnen die bestgemeinte Kollegialität nichts. Wenn Sie sich tatsächlich auch privat so gut mit Ihren Kollegen verstehen, werden sie Ihnen die Erfüllung Ihrer Lebensträume gönnen. Deshalb reden Sie mit Ihrem Chef, bevor Sie Teilzeit beantragen, damit Teile Ihrer Tätigkeiten rechtzeitig auf andere übertragen werden können, und lernen Sie selbst, Aufgaben zu delegieren.

– *weil Sie fürchten, dass Sie nicht in die Vollzeit zurückkehren dürfen?* Achten Sie einfach darauf, eine Rückkehroption in Ihrem schriftlichen Teilzeitantrag zu vereinbaren. Aber vielleicht wollen Sie das dann auch gar nicht mehr?! Und aktuell wurde bereits im IG-Metall-Tarifvertrag ein Rückkehrrecht vereinbart, und auch die Bundesregierung hat dazu ein Gesetz ab 2019 beschlossen.
– *weil Sie unsicher sind, ob Sie sich mit Teilzeit selbstständig machen können?* Ja, das ist ein guter Gedanke und ein erprobter Weg, sich aus der Sicherheit einer Anstellung ein neues Standbein aufzubauen. In Kapitel 6 habe ich viele Informationen gesammelt, wie Sie erfolgreich aus einer Teilzeit heraus in eine Selbstständigkeit starten.
– *weil Sie fürchten, dass Ihr Partner nicht mit einem Teilzeitarbeiter zusammen sein möchte?* Im Gegenteil: Ihr privates Umfeld wird Sie dafür lieben, dass Sie endlich wieder mehr Zeit haben. Probieren Sie aus, wie entspannt Ihr Leben endlich wird, wenn Sie weniger arbeiten und mehr leben, selbst wenn Sie dafür etwas weniger Geld verdienen. Und denken Sie daran: Das letzte Hemd hat keine Taschen – füllen Sie lieber Ihre Zeit mit mehr Leben.

- *weil Sie nicht wissen, wie der Antrag aussieht?* Das erfahren Sie in Kapitel 5; dort finden Sie einen Beispielantrag für eine Teilzeit-Testphase.
- *weil Sie eine Kürzung Ihrer Rente befürchten?* Antworten auf Fragen zu Rente in Verbindung mit Ihrem Teilzeit-Vorhaben finden Sie in Kapitel 5.
- *weil Teilzeit doch was für Mütter und Väter ist, aber doch nichts für einen Berufsanfänger?* Ein ziemlich veraltetes Vorurteil! Immer mehr junge Arbeitnehmer suchen sich genau deshalb einen Arbeitgeber aus, der Teilzeit oder flexible Arbeitszeitmodelle anbietet, auch wenn sie noch keine Kinder haben – ganz einfach, um eine bessere Work-Life-Balance zu haben.
- *weil Sie noch nicht dafür bereit sind, weniger zu arbeiten?* Worauf wollen Sie denn noch warten? Bis Sie der »Herzinfarkt mit 40 in die Windeln packt«, um das mit den Worten aus dem Song »Irgendwann bleib i dann dort« der Band S.T.S. zu sagen? Warum wollen Sie denn erst krank werden, bevor Sie etwas ändern? Genießen Sie Ihre Teilzeit doch bitte mit all Ihrer Power, dann haben Sie mehr davon, versprochen!

Lassen Sie sich auf keinen Fall abschrecken. Für Sie geht es zunächst einmal darum, erste Teilzeiterfahrung zu sammeln: Taugt das überhaupt für Sie? Sind Ihre Ängste berechtigt oder konnte ich sie ausräumen? Kommen Sie mit der kleinen Einkommenseinbuße zurecht? Können Sie mit der neu gewonnen Freizeit etwas Sinnvolles anfangen? Wie hat Ihr Umfeld auf Ihre Teilzeit reagiert? Sind Sie glücklicher und entspannter durch Teilzeit geworden?

Mehr Freizeit mit Effekt

Wenn Sie Ihre Arbeitszeit nicht jeden Tag gleichmäßig reduzieren, sondern en bloc nehmen wollen, ist eines wichtig: Planen Sie Ihre Freiphase genau, um diese zusätzlichen Freiwochen so nutzbringend wie möglich zu gestalten – mit der Betonung auf »gestalten«: Formen Sie Ihre Zukunft jetzt und leben Sie ab sofort jeden Tag bewusst!

Denn mehr Freizeit bringt auch eine Gefahr mit sich: den berüchtigten »Teilzeit-Müßiggang«. Was soll das sein, werden Sie sich jetzt vielleicht fragen? Dieses Problem entsteht, wenn Sie sich schnell daran gewöhnen, viel mehr Zeit zur Verfügung zu haben. Sie genießen Ihre Freiphasen dann zwar in Ruhe, aber auch recht ziellos. Schwups, sind sie schon wieder verstrichen, ohne dass Sie etwas von Ihren Plänen, was Sie mit der neuen Freiheit anfangen wollten, umgesetzt haben. Anfangs sind Sie von der neuen Freiheit durch Teilzeit natürlich euphorisiert und setzen andere Schwerpunkte, als sich weiterzuentwickeln oder neue Ideen und Projekte umzusetzen. Stattdessen: lange ausschlafen, auf der Couch herumgammeln, stundenlang Filme und Serien konsumieren, noch ein Mittagsschläfchen halten – und einfach die Zeit vorbeiziehen lassen.

Ich kenne das aus eigener Erfahrung. Befindet man sich nicht mehr – wie als Vollzeitarbeiter – auf einem hohen »Aktivitätsniveau«, wie ich das gerne bezeichne, fahren Körper und Geist ganz schnell in einen »gechillteren« Modus, in einen Zustand, der mehr von Lässigkeit und Faulheit geprägt ist. Dann stellt man sich morgens keinen Wecker, schläft aus und, ehe man sich versieht, ist es schon Mittag, bevor man endlich Lust hat, etwas zu unternehmen.

Dafür gibt es tatsächlich einen Begriff: den sogenannten »Ferieneffekt«. Der besagt, salopp ausgedrückt, dass lange Ferien latent dumm machen. Eine Metastudie der Universität von Missouri ergab nämlich, dass die Fähigkeiten von Schülern während der langen Sommerferien deutlich nachließen, besonders die Rechen- und die Rechtschreibkompetenz – und in den höheren Klassenstufen wurde das sogar noch schlimmer.[27] Eins zu eins lässt sich das natürlich nicht auf Teilzeitarbeiter übertragen, aber das Ergebnis der Studie kann zumindest als vorsichtige Warnung für alle gelten, die planen, in langen Freiphasen regelmäßig gar nichts zu machen. Behalten Sie also den Ferieneffekt im Hinterkopf, aber lassen Sie sich davon nicht abschrecken. Denn den Verlust kognitiver Fähigkeiten können Sie schon nach einigen Tagen im gewohnten Alltag wieder ausgleichen.

Auch wenn es so aussieht, als hätten Sie auf einmal ganz viel freie Zeit zur Verfügung: Bedenken Sie, dass Ihr erster Testlauf begrenzt ist. Schlagartig endet Ihre Teilzeitphase wieder nach einigen Monaten, wie mit Ihrem Arbeitgeber vereinbart. Nutzen Sie Ihre Zeit für sich möglichst sinnvoll – und halten Sie sich immer vor Augen, was Sie gewinnen können: den Schritt vielleicht in ein neues selbstbestimmtes und unabhängigeres Leben! Sie öffnen die Tür einen Spalt und lassen wieder mehr Licht in Ihr Leben. Glauben Sie mir, Sie werden in diesen Freiwochen mehr für sich herausholen, als Sie für möglich halten.

Die Wahrscheinlichkeit, nach einer ersten Teilzeitphase bessere Chancen auf ein erfolgreiches Leben zu haben, ist definitiv größer, als wenn Sie einfach so weitermachen wie bisher. Denn das tun Sie ja wohl schon lange genug, oder? Machen Sie also etwas aus Ihrem Teilzeit-Testballon und den zusätzlichen Freiwochen. Bilden Sie sich beruflich weiter und erwerben Sie nützliche Qualifikationen, die Sie weiterbringen. Werden Sie Coach, Yogalehrer, Autor, machen Sie einen Ausbilderschein, lernen Sie ein Musikinstrument oder eine Fremdsprache, entdecken Sie andere Länder, treffen Sie interessante Menschen, beginnen Sie eine neue Sportart – es ist höchste Zeit, neue Wege zu gehen! Erlauben Sie sich, neu zu denken!

Und diesen Tipp möchte ich Ihnen noch mit auf den Weg geben, quasi zur Intensivierung Ihrer Bemühungen, eine Fremdsprache zu lernen, falls das eines Ihrer Ziele ist: Ein sogenannter Bildungsurlaub ist ein ebenfalls völlig legitimes Mittel, ähnlich wie bei der Teilzeit jedes Jahr Ihren aktiven und passiven Wortschatz auf Hochglanz zu polieren.

Bildungsurlaub ist so etabliert wie Teilzeit

Wenn Sie schon wissen, dass Sie in Ihren zusätzlichen Freiwochen neue Fähigkeiten und Kenntnisse erwerben möchten, gibt es zur Teilzeit noch eine echte Ergänzung: Kennen Sie das Modell des Bildungsurlaubs? Besonders für das Erlernen einer Fremdsprache ist das eine beliebte Möglichkeit, zusätzlich die eine oder andere Woche im Ausland zu verbringen. Aber natürlich gibt es auch viele andere Möglichkeiten.

Mit Bildungsurlaub will der Staat die Idee von lebenslangem Lernen fördern. Dabei dürfen Sie sich als Arbeitnehmer das Thema, etwa einen Sprachkurs, selbst auswählen. Ihr Arbeitgeber zahlt Ihnen weiter Ihr Gehalt, während Sie die Kosten für den Sprachkurs oder andere Seminargebühren übernehmen. Dabei profitieren beide Seiten: der Arbeitgeber durch das neu erworbene Wissen, das dem Unternehmen zur Verfügung steht, und Sie durch die Gewissheit, mit Bildungsurlaub auch mit zunehmendem Lebensalter fachlich auf aktuellem Stand zu bleiben. Verankert ist der Bildungsurlaub in Deutschland in den jeweiligen Landesgesetzen, allerdings gibt es ihn nicht in allen Bundesländern: Bayern und Sachsen haben keine Bildungsurlaubsgesetze erlassen.

In der Schweiz sieht das ganz anders aus, hier existiert keine ausdrückliche Regelung in Bezug auf Bildungsurlaub. Fest steht nur, dass Fort- und Weiterbildungen, die auf Anordnung des Arbeitgebers oder aufgrund gesetzlicher Vorgaben besucht werden, zur Arbeitszeit gezählt werden und währenddessen ein Anspruch auf Gehalt besteht.[28]

In Österreich gibt es gleich zwei Optionen im Umgang mit Weiterbildungen. Ziel der sogenannten Bildungskarenz ist, die Arbeitsmotivation zu stärken und Arbeitnehmern eine zusätzliche oder weiterführende Qualifikation zu ermöglichen. Die Dauer ist auf ein Jahr begrenzt, es gibt keine Lohnfortzahlung, sondern der Arbeitsmarktservice zahlt Ihnen ein sogenanntes Weiterbildungsgeld in Höhe des Arbeitslosengeldes.[29] Außerdem haben Sie die Möglichkeit, eine Bildungsteilzeit zu nutzen, sofern Ihr Arbeitsverhältnis bereits 6 Monate besteht. Die Bildungsteilzeit kann 4 Monate bis 2 Jahre dauern; währenddessen können Sie Ihre normale Arbeitszeit kürzen, und zwar mindestens um ein Viertel und höchstens um die Hälfte.[30] Im Rahmen der Bildungsteilzeit wird ein Bildungsteilzeitgeld gezahlt, Anfang 2018 belief sich dieses auf 0,80 Euro pro volle Arbeitsstunde, um die die wöchentliche Arbeitszeit gekürzt wurde.[31]

Kommen wir zum Kern dieses Buchs: halbe Arbeit – ganzes Leben! Mit Ihrem Teilzeit-Testballon haben Sie vielleicht eine Fremdsprache aufgefrischt oder begonnen, Ihr Zuhause zu renovieren. Ein paar Tage zusätzlich reichen aber einfach nicht aus, um ein waschechter »Native Speaker« zu werden oder mit umfassenden Sanierungsarbeiten fertig zu werden. Auch manche Zusatzqualifikationen oder Ausbildungen zum Coach benötigen weitaus mehr Zeit als nur »ein paar Wochen« Zusatzurlaub. Vielleicht sollten Sie besser doch ins Ausland reisen, um vor Ort die Fremdsprache zu vertiefen, oder sich voll und ganz der Verschönerung Ihres Eigenheims widmen? Das gelingt mit »halber Arbeit«, also einer 50-Prozent-Teilzeit, natürlich sehr viel besser als nur mit einer 5-Prozent-Teilzeit. Wenn Sie beispielsweise Ihre 50-Prozent-Phasen geschickt mit Ihrem Vorgesetzten absprechen und im Anschluss an Ihre Teilzeitblöcke auch noch Urlaub nehmen, können Sie viele Wochen am Stück freimachen und gut und gerne über 10 Wochen im Süden Frankreichs oder in Spanien am Meer lernen – oder ungestört an Ihrem Zuhause herumwerkeln.

Ich habe das so gemacht und war in einem Teilzeitjahr mit »halber Arbeit« sehr weit weg und »voll im Leben«! Geschafft habe ich es bis auf die andere Welthalbkugel, bis nach Australien. In jenem Jahr lagen die Feiertage zwischen Ostern und Pfingsten günstig, und ich durfte mehrere Brückentage mit Urlaub verbinden. Das klappt nicht immer, ich weiß, und dafür war ich während der Sommerferien bei der Arbeit, um meine Kollegen zu entlasten. 10 Wochen frei waren für mich tatsächlich sehr willkommen, weil man ja schon ein paar Tage braucht, bis man am Great-Barrier-Riff abtauchen kann, und nochmals so lange, um zu Hause wieder Oberwasser zu gewinnen – da ist eine Woche ruckzuck weg, wenn man noch das Ausschlafen des Jetlags dazurechnet. Und das Beste: Trotz des des 10-Wochen-Blockbusters hatte ich weiterhin jeden Monat eine 2-wöchige Teilzeit-Freiheit!

Um das noch zu toppen: Viele meiner Reisen um den Globus konnte ich steuerlich absetzen, da ich ja »Reisejournalist« und »Buchautor« geworden bin. Mein Tipp: Suchen Sie sich einen versierten Steuerberater, wenn Sie das ähnlich praktizieren wollen. Hier gibt es viele kleine Fallstricke und es ist nicht ganz einfach, als Reisebuchautor, Teilzeit-Blogger oder Digital-Teilzeitnomade vom Finanzamt anerkannt zu werden. Aber, wie Sie sehen, es geht!

Mehrarbeit durch Teilzeit

Weder die kleine Teilzeit-Freiheit mit einer Reduktion um 5 Prozent noch die große Teilzeit, also mit richtig langen Phasen ohne 9-to-5-Bürde oder mit nur wenigen Arbeitstagen pro Monat, müssen ein Traum für Sie bleiben. Dass Sie dafür einen Plan brauchen, um etwas Sinnvolles mit Ihrer Zeit anzufangen, ist inzwischen wohl deutlich geworden. Das gilt umso mehr, je mehr Sie Ihre Arbeitszeit verringern. Denn dann kommt hinzu, dass auch Ihr Einkommen spürbar sinkt – dennoch müssen Sie zumindest Ihre Fixkosten decken können, egal wie.

Teilzeit kann jedoch auch Mehrarbeit bedeuten – und Ihnen ein Extra bescheren –, wenn Sie sich beispielsweise neben Ihrem Hauptjob in Teilzeit noch etwas hinzuverdienen. Das kann ein guter nebenberuflicher Start in eine Selbstständigkeit sein. Oder es kann Sie im Rentenalter fit halten, unter Leute bringen und ein wenig finanziell entlasten.

Meine Mutter bietet hierfür ein schönes Beispiel. Sie ist über 80 Jahre und arbeitet immer noch in Teilzeit – und das tut ihr richtig gut: Sie steht morgens freudig auf, macht sich zurecht, fährt mit dem Auto in die Firma und steht dort ihre Frau. Es ist zwar »nur« noch ein kleinerer Job in einer Zweigstelle einer großen Bausparkasse, aber die Arbeit zwingt sie auf sogar recht angenehme Weise, auch im fortgeschrittenen Lebensalter am Ball zu bleiben. Und das gelingt ihr: Sie geht souverän mit Smartphone und Tablet um und beherrscht alles, was für das Büromanagement einer Firma heutzutage erforderlich ist – und das im zweiten Jahrzehnt nach ihrer eigentlichen Pensionierung!

Ihr Beispiel beweist, dass man über 60 Jahre lang tatsächlich fit am Arbeitsleben teilhaben kann. Mit Teilzeit! Damit gelingt das sicher leichter als mit der jahrzehntelangen Mühsal eines Vollzeitjobs. Teilzeit ist jedenfalls das Lebenselixier meiner Mutter, ihr Geheimnis, um ihr Leben lang gesund alle ihre Rollen mühelos spielen zu können. Weiter so, sie ist mein Vorbild in Sachen lebenslanges gesundes Teilzeitarbeiten!

Ganzes Leben – mein Traum

Ich habe mit 50 Prozent Arbeiten meinen Traum von 100 Prozent Leben mit einer Weltreise verwirklicht und dadurch mehr als 50 Länder bereist. Mit einem 60-Liter-Backpacker-Rucksack, einer Umhängetasche und einem beflügelnden Freiheitsgefühl flog ich in meinen 50-Prozent-arbeiten-Phasen – zu je 2-Wochen-Blöcken zusammengefasst – immer wieder los, um die Welt zu erobern. Ja, das ist einfacher möglich, als Sie vielleicht glauben.

Über das Internet buchte ich mir für kleines Geld Flüge für nur rund 400 Euro bis nach Australien in Etappen. Außerhalb der normalen Urlaubs- und Reisezeiten klappt das sehr gut – man muss lediglich zeitlich flexibel sein und bereit sein, mal einen Tag zu warten oder seine Route über ein anderes Flughafendrehkreuz zu planen. Dabei kann man auch mal über Dubai und Singapur nach Australien reisen, statt direkt – aber auch die Zwischenstationen sind oft sehenswert.

Hotels lassen sich über einschlägige Onlineportale günstig und flexibel buchen und kurzfristig wieder stornieren, falls sich die Reisepläne ändern.

Wie ich das finanziell gestemmt habe, fragen Sie sich jetzt vielleicht? Antworten darauf gibt es ausführlich in Kapitel 5. Aber an dieser Stelle schon mal ganz grundsätzlich: Teilzeit-Reisen, also längere Urlaubsphasen während Ihrer frisch gewonnenen Auszeiten, sind nach wie vor eine finanzielle Herausforderung – egal, ob Sie nach Asien, Südamerika oder sonst wohin hüpfen wollen. Man kann zwar für ganz kleines Geld sehr weit herumkommen, aber manchmal möchte man doch eine schnellere Verbindung, eine bessere Unterkunft oder einen bequemen Leihwagen, statt in einem Bus ohne Klimaanlage über holprige Straßen zu tuckern.

Für genau diese »Upgrade-Wünsche« kann es sinnvoll sein, das persönliche Reisebudget etwas aufzubessern. Ich habe das über Geschäfte auf Gegenseitigkeit oder kleinere Nebenverdienste ganz gut geschafft, um mir mal den einen oder anderen Luxustag in einem besonders schönen Wellnesshotel zu gönnen. Klar habe ich auch in einem 10er-Zimmer in einem Backpacker-Hostel übernachtet. Aber spätestens nach der dritten Nacht mit einem penetranten Schnarcher im Raum war selbst meine Geduld am Ende. Luxus, ja, manchmal sehr gerne – kostet aber Geld.

Reisekasse aufbessern

Je öfter Sie sich das eine oder andere Extra auf Ihren Reisen gönnen oder je länger Sie ins Ausland wollen, desto mehr Gedanken sollten Sie sich über Ihr Budget machen. Aber es gibt viele tolle Möglichkeiten, auch Ihre Teilzeit-Reisekasse zu schonen, wenn Sie sich beispielsweise sozial engagieren möchten.

Eine ehemalige Kollegin etwa wohnte, um ihre Sprachkenntnisse aufzubessern, in Spanien bei einer Rentnerin und kümmerte sich ein wenig um sie. So hatte sie Kost und Logis frei. Vor allem für junge Erwachsene bietet sich »Work & Travel« an: in ein fremdes

Land reisen, dort arbeiten, um die Reisekasse aufzufüllen – oder als Gegenleistung für Unterkunft und Verpflegung –, und vor allem Land und Leute kennenlernen. Und Torben, ein Freund eines jungen Kollegen, arbeitete während einer seiner langen Teilzeit-Perioden mit einem Work-&-Travel-Programm viele Monate in einer Schreinerei in Melbourne, um dort kostenlos zu wohnen, sich ein kleines Taschengeld zu verdienen und sich Land und Leute anzusehen.
Am Geld sollte es also nicht scheitern, es gibt genügend kreative Beispiele, wie man mit wenig Geld die Welt umreisen kann. Das glauben Sie nicht? Bestsellerautor Fabian Sixtus Körner hat von 2010 bis 2012 mit nur 225 Euro auf seinem Konto einmal die ganze Welt umrundet.[32]

Seit meiner ersten Teilzeitphase habe ich immer versucht, Geld mit kleinen Tätigkeiten zu verdienen, die man von unterwegs aus erledigen kann: Jobs, die man zeitunabhängig und vom Laptop aus mit einer Internetverbindung auch am Strand in der Südsee ausüben kann. Davon gibt es eine ganze Menge – man muss nur danach suchen.
Ich wurde direkt in meinem privaten Umfeld fündig. Die Betreuung von Internetseiten eignet sich beispielsweise hervorragend, um auch unterwegs zu arbeiten. Internet gibt es inzwischen ja fast überall auf der Welt. So pflegte ich auf meinen Teilzeit-Reisen die Homepage des Autohändlers, der sich um die Wartung meines Youngtimers kümmerte – denn ein alter Sportwagen braucht leider ständig irgendwelche kostspieligen Reparaturen. Und auch die Webseite eines befreundeten Gastronomen samt Fremdenzimmer wollte auf Stand gehalten werden – dafür bekam ich im Gegenzug das eine oder andere Mal eine kostenlose Unterkunft. Mit meinen Programmierkenntnissen konnte ich einmal sogar bei einer Tauchschule auf Bali aushelfen, wodurch die Tauchgänge günstiger wurden und ich dort dann bequem meinen Advanced-Open-Water-Tauchschein absolvieren konnte. Eine Hand wäscht eben die andere, es muss ja nicht immer Geld fließen. Auch die Betreuung eines Social-Media-Kanals für einen Freund, der ein klei-

nes Geschäft besitzt, konnte ich von Übersee aus ganz easy betreuen. Für zwei andere Freunde hütete ich übrigens deren Häuser, als diese selbst im Urlaub waren. So hatte ich ein schönes Dach über dem Kopf und meine Freunde konnten sicher sein, dass in ihrem Zuhause nicht eingebrochen wurde.

Natürlich bieten auch die großen und bekannten Job-Apps Homeoffice-Tätigkeiten oder Telearbeiten an. Diese sollten Sie sich aber möglichst schon vor Beginn Ihrer Reise aussuchen und alle organisatorischen Dinge regeln, damit Sie unterwegs nicht zu viel wertvolle Reisezeit vergeuden.

Nebentätigkeiten beim Arbeitgeber anmelden

Falls Sie Geld mit einer Nebentätigkeit verdienen möchten – dazu zählt alles, was über einen Freundschaftsdienst hinausgeht –, sollten Sie das unbedingt vorher bei Ihrem Arbeitgeber anmelden. Oft ist es nur eine reine Formsache, aber denken Sie daran: Sobald Sie Teilzeit machen oder längere Zeit im Ausland weilen, gibt es Neider, und Sie werden etwas leichter angreifbar. Weitere Details dazu lesen Sie in Kapitel 6.

Während meines Studiums verdiente ich mir regelmäßig etwas mit Auftritten als Kleinkünstler hinzu. Ich kann mit bis zu fünf Bällen und vier Keulen jonglieren, Einrad fahren, zwei Diabolos auf einer Schnur gleichzeitig balancieren, Devilstick spielen und viele unterschiedliche Ballontiere flott falten. Deshalb hatte ich auf fast allen meinen Reisen Modellierballons dabei, um mir ab und zu beispielsweise ein Abendessen zu verdienen. In vielen Teilen der Welt sind solche Modellierballons nämlich noch nicht so bekannt wie in unseren Breitengraden. Kinder auf der ganzen Welt lieben diese Ballontiere, egal ob auf der Sinaihalbinsel, auf Kuba, in Rio de Janeiro, in Phnom Penh oder auf den Malediven.

Zusammen mit meinem Schulfreund Till hatte ich vor vielen Jahren in Augsburg Auftritte auf der Straße. Laufpublikum war die beste Schule, um auszutesten, was ankommt. Till und ich merkten schnell, dass Feuer Menschen magisch anzieht. Deshalb haben wir eine Feuer- und Fakir-Show entwickelt, die ich auch allein auf meinen Reisen aufführen kann. Für mich ist das toll: Gerade bei Sonnenuntergang, an den schönsten Promenaden dieser Welt, kann man, wenn man mit Fackeln, Keulen, Bällen, jongliert und ein paar Gags und kleinere akrobatische Kunststücke darbietet, mit dem Hut gut ein wenig Geld verdienen.

Seitdem ich Taekwondo-Lehrer bin – ab dem schwarzen Gürtel bekommt man den Titel »Kyosa Nim« verliehen, wobei »Nim« koreanisch für »Lehrer« steht –, unterrichtete ich auch immer wieder in Kampfsportschulen rund um den Globus, meist Anfänger, Kinder, Neugierige oder andere Kampfkünstler. Oft auch einfach nur aus Spaß an der Freude, um neue Menschen kennenzulernen, mich auszutauschen, Kampfkunsttechniken anderer Länder zu studieren oder meine eigenen Techniken weiterzugeben. In einem Hotel in Bangkok beispielsweise, in dem ich sowieso regelmäßig für mich trainierte, schlossen sich jeden Tag mehr und mehr Schüler und Interessierte an. Jeden Abend nach Sonnenuntergang, wenn die Temperaturen erträglicher wurden, lief ich in der Nähe des Pools meine Taekwondo-Formen und praktizierte meine Kampfkunsttechniken. Nach wenigen Tagen kam Ali Shaqiri hinzu, ein Polizist aus der Schweiz und mehrfacher Thaibox-Weltmeister. Wir trainierten nun oft zusammen mit einigen Zuschauern, die uns im Gegenzug abends auf einen Drink einluden. Ali arbeitet übrigens ebenfalls in einem Teilzeitmodell in der Schweiz, um in seinen Freiblöcken mehrere Wochen am Stück in Thailand bei Frau und Kind zu verbringen.

Sie sehen also, ich konnte fast überall auf der Welt in meiner Teilzeit unkompliziert Geschäfte auf Gegenseitigkeit machen. Und das hat sogar meistens noch richtig Spaß gemacht! Kein Wunder, dass ich die Routine des Bürojobs während dieser Zeit fast völlig vergessen konnte.

Bis heute gehört Taekwondo zu meiner persönlichen Selbstverwirklichung in Teilzeit. Ich wollte nicht nur schon immer eine Weltreise unternehmen, sondern auch eine asiatische Kampfkunst erlernen. Doch bis zum schwarzen Gürtel war es ein weiter Weg. In meiner Jugend hatte ich es bis zum blauen Gürtel in einem Taekwondo-Verein in Augsburg geschafft – eine Gürtelfarbe, die ungefähr auf der Hälfte des Wegs bis zum ersten schwarzen Gürtel liegt. Nachdem ich mit dem Studium begonnen hatte, gleichzeitig auch noch als Radiomoderator tätig war und zusammen mit meinem Künstlerpartner Till Showauftritte hatte, hörte ich auf – es war damals einfach zu viel. Aber irgendwann fehlte mir dieser sportliche Ausgleich, der mir immer viel Freude gemacht hatte.

Ich erinnere mich noch sehr genau daran, dass ich nach einer 3-Wochen-Phase eine Woche frei hatte – endlich mal Zeit für mich, endlich Zeit für alles, was mir wichtig war. Ich war ausgeschlafen, stand früh auf und verspürte einen enormen Tatendrang. Ab diesem Moment wusste ich, dass Teilzeit, dieses Einfach-mal-frei-Haben, gut für mich ist. Teilzeit spendete mir Energie, die ich sogleich umsetzen konnte und auch wollte. Ich setzte mich also an meinen Laptop und recherchierte nach einem Taekwondo-Verein in meiner Nähe.

Noch in meiner ersten Freiwoche, die mir die Teilzeit schenkte, machte ich ein Probetraining beim Großmeister – koreanisch »Sahbum-Nim« – Gero Peter, Träger des neunten Dans, was hierzulande eine echte Seltenheit ist. Das erste Mal Taekwondo nach solch einer langen Phase war unglaublich hart und fordernd, aber durch meine frisch gewonnene Teilzeitenergie konnte ich schnell wieder ins regelmäßige Training einsteigen. Von da an war ich, so oft es ging, beim Taekwondo und kämpfte mich durch viele Gürtelprüfungen. Nach einigen Jahren legte ich die Prüfung für den ersten Dan ab, den ersten schwarzen Gürtel. Ich bin mir sicher, dass ich ohne Teilzeit nie so viel Kraft, Zeit, Energie und Muße gehabt hätte, neben einem Vollzeitjob plus Überstunden das Engagement zu zeigen, den schwarzen Gürtel in einer asiatischen Kampfkunst zu erlernen.

Teilzeit hat mir von Anfang an gutgetan: Ich bin heute fitter, stärker und beweglicher und habe mehr Kondition, als ich mir je erträumt hätte. Ich habe auch mit dem Joggen angefangen – als Ergänzung zum Kampfsport und der stundenlangen sitzenden Tätigkeit am Computer im Büro. Ich bin mit relativ entspanntem Trainingsaufwand fünfmal den Mainzer Halbmarathon und einmal den Frankfurter Marathon gelaufen. Außerdem habe ich mir ein Mountainbike gekauft und radle regelmäßig meine 30-Kilometer-Runden, was den Trainingsalltag noch etwas abwechslungsreicher gestaltet. Ich habe ja einfach Zeit und Energie dafür. Und das können Sie auch!

Nach einigen langen und bereichernden Reisejahren habe ich immer wieder einmal 100 Prozent gearbeitet beziehungsweise arbeiten müssen. Denn sonst hätte ich die Option, je wieder Vollzeit arbeiten zu dürfen, verloren – davon berichte ich in Kapitel 7. Doch inzwischen lebe und arbeite ich seit vielen Jahren wieder in Teilzeit. Beim Taekwondo arbeite ich am zweiten Dan, plane, in den nächsten Jahren den New-York-Marathon zu laufen, werde mich an den Triathlon rantasten und natürlich noch einige Länder bereisen. Ich werde weiter entspannt in einer gesunden und ausgewogenen Work-Life-Balance in Teilzeit leben, auch wenn ich dadurch weniger in meinem Hauptjob verdiene als andere. Man lebt eben nur einmal.

3
Wie der 5-Prozent-Teilzeithebel wirkt

Im letzten Kapitel konnte ich hoffentlich viele Vorbehalte, Sorgen oder sogar Ängste vor einer Teilzeitarbeit ausräumen – und Ihnen Mut machen, das Thema anzugehen. Vielleicht haben Sie inzwischen Lust bekommen, in Teilzeit zu arbeiten, oder sogar die eine oder andere Idee, was Sie mit Ihrer Zeit anfangen wollen. Lesen Sie also ruhig weiter: Je mehr Sie über Teilzeit wissen, umso einfacher werden Sie sich für ein passendes Modell entscheiden können.

Natürlich können Sie so weitermachen wie bisher. Im schlimmsten Fall wechselt Ihr Vorgesetzter, und alles, was Sie sich in der Firmenhierarchie aufgebaut haben, ist mit einem Fingerstreich passé. So war es auch mal bei mir. Die Chefs, die mich anfangs eingestellt hatten, sind inzwischen alle irgendwo anders tätig, wurden hausintern auf andere Posten befördert und oder haben in eine andere Firma gewechselt. Manche haben sich selbstständig gemacht oder sind in Rente und schreiben Bücher.

Was ich Ihnen vermitteln möchte: Warten Sie nicht so lange, bis vielleicht Ihre körperliche und psychische Kraft schwindet und damit vielleicht auch der Mut, noch einmal etwas Neues zu wagen, etwas Eigenes zu beginnen. Wollen Sie wirklich auf Ihren Renteneintritt warten, bis Sie endlich anfangen zu leben? Leben Sie jetzt – und zwar in der Teilzeit-Freiheit!

Die wundersame Vermehrung der Freizeit

Überraschend viel Teilzeitluft lässt sich schnuppern, wenn man lediglich 5 Prozent weniger arbeitet. Denn die Arbeitszeit reduziert sich nicht wie erwartet von 100 auf 95 Prozent, sondern sinkt in den allermeisten Fällen von 120 auf 95 Prozent! Dieser deutliche Gewinn an Zeit ist zum einen der Tatsache geschuldet, dass die Sachbearbeiter in der Personalabteilung plötzlich gezwungen sind, Ihre Arbeitsstunden im Detail aufzulisten und klar zu begrenzen. Zum anderen beginnen Sie als Arbeitnehmer auch selbst, Ihre Stunden genauer im Blick zu behalten und Ihr Stundenkonto zu deckeln. Aus genau diesem Grund ist es sinnvoll, dass nicht nur die Kollegen in Ihrer Personalabteilung, sondern auch Sie für sich selbst den Überblick über Ihre Arbeitszeiten behalten – oder sich zumindest regelmäßig über den Stand des Stundenkontos informieren lassen.

Dieser 5-ist-25-Prozent-Freiheitseffekt ist nicht nur überraschend einfach und wirkungsvoll, sondern lässt sich nutzbringend einsetzen. Denn für all jene, die eine vertraglich festgelegte 40-Stunden-Woche haben, bedeuten diese 5 Prozent Teilzeit gerade mal 2 Stunden Arbeit weniger pro Woche. Und genau diese Reduzierung um mindestens 2 bis 2,5 Stunden Wochenarbeitszeit wünschen sich aktuell 50 Prozent der Männer und gut 40 Prozent der Frauen![33]

Eine Möglichkeit ist, dass Sie zunächst gar nichts an Ihren Arbeitszeiten ändern und wie gewohnt in Vollzeit weiterarbeiten. Dadurch können Sie jede Woche diese 2 Stunden auf einem Arbeitszeitkonto ansparen. Über das ganze Jahr betrachtet ergeben sich auf diese Weise nämlich 11 zusätzliche freie Tage.

Übrigens: Ihr Jahresurlaub reduziert sich bei Ihrer 5-Prozent-Teilzeit ebenfalls ein wenig. Bei einem Urlaubsanspruch von 20 Tagen, was dem gesetzlichen Mindesturlaub entspricht, wäre das ein Tag weniger als in Vollzeit. Dies ist der Tatsache geschuldet, dass Ihr Jahresurlaub ebenso wie Ihre Arbeitszeit um 5 Prozent gekürzt wird. Glücklicherweise bekommen die meisten Arbeitnehmer mehr als den gesetzlichen Mindesturlaub: Der Durchschnitt in Deutschland liegt bei 27 Tagen und für die Mehrheit der Deutschen laut einer Studie sogar bei 30 Tagen im Jahr.[34]

Eine Reduzierung der Arbeitszeit um 5 Prozent bedeutet bei einem Jahresurlaub von 30 Tagen, dass dieser sich entsprechend ebenfalls um 5 Prozent verringert und damit um rein »rechnerisch« 1,5 Tage für ein komplettes Kalenderjahr. Die Kommawerte lassen wir jetzt erst mal so hier im Text stehen, um ein besseres Gefühl dafür zu bekommen. Denn ob auf- oder abgerundet wird, wird in der Praxis in den Firmen oft unterschiedlich gehandhabt. Der Gesetzgeber kennt nur ganze Urlaubstage – halbe Tage werden zu Ihren Gunsten aufgerundet, Ansprüche von weniger als einem halben Tag entfallen hingegen.[35]

Die Frage lautet nun: Wie viele freie Tage haben Sie im Jahr, wenn Sie um 5 Prozent, also 2 Stunden pro Woche, reduzieren? Die Antwort: Es kommt darauf an. Denn hier gibt es unterschiedliche Berechnungen und Abhängigkeiten. Je nach Ihrem Arbeits- und dem betreffenden Tarifvertrag und auch Ihrem Bundesland kann die Gesamtarbeitszeit zwischen 213 und 232 Arbeitstagen pro Jahr schwanken.[36] Und das Finanzamt akzeptiert übrigens bei der Fahrtkostenberechnung bis zu 230 Arbeitstage. Bei allen folgenden Berechnungen gehe ich von 220 Arbeitstagen pro Jahr aus.

2 Stunden = 11 Tage

Nehmen wir an, Sie arbeiten 40 Stunden pro Woche, haben 30 Tage Urlaub pro Jahr, bei durchschnittlich insgesamt 220 Arbeitstagen im vollständigen Kalenderjahr. Wenn Sie nun 5 Prozent reduzieren, gewinnen Sie rein rechnerisch 11 freie Tage (220 Tage × 5 Prozent = 11 Tage). Allerdings verringert sich auch Ihr Urlaubsanspruch entsprechend ebenfalls um 5 Prozent oder mathematisch gerechnet 1,5 Tage (30 Tage × 5 Prozent = 1,5 Tage).

Sie sehen also: Es ist nicht immer ganz exakt auszurechnen, aber darum geht es auch in diesem Buch nicht. Es soll grob die Richtung zeigen, den Rest sollten Sie unbedingt direkt mit Ihrer Personalabteilung, Ihrem Steuerberater et cetera klären.

Ihr Jahresurlaub plus die 11 freien Tage aus der Reduzierung summieren sich so zu 41 Tagen, abzüglich der 1,5 Tage verbleiben 39,5 freie Tage. Oder anders ausgedrückt 7 freie Wochen plus 4,5 Tage im Jahr. Wenn Sie Glück haben, rundet Ihre Firma auf 8 Wochen auf. Bei mir ist das nicht der Fall, ich habe tatsächlich einen »Komma 5«-Urlaubstag, was aber völlig in Ordnung ist – da kann ich halt mal einen halben Tag Urlaub abfeiern.

Eine Tabelle mit Angaben zur Teilzeit von 5 bis 75 Prozent und dem entsprechenden Urlaub finden Sie auf Seite 71. Der Ausgangspunkt meiner Berechnungen für Sie ist jeweils ein Jahresurlaub von 30 Tagen bei einem Monatsgehalt von 3.000 Euro. Wie oben schon geschrieben, lasse ich die Kommawerte stehen.

Der Preis der Freiheit

Im Detail betrachtet kostet Sie – nach unserer vereinfachten Rechnung – ein freier Tag 163,64 Euro brutto – netto natürlich deutlich weniger. Wie komme ich darauf?

Bei einem Einkommen von 3.000 Euro brutto und einer Reduzierung um 5 Prozent haben Sie jeden Monat 150 Euro weniger in der Tasche (3.000 Euro × 5 Prozent = 150 Euro). Im Jahr sind das also insgesamt 1.800 Euro weniger. Bei 11 zusätzlichen freien Tagen pro Jahr (siehe oben) kostet Sie jeder Teilzeit-Tag 163,64 Euro (1.800 Euro ÷ 11 Tage = 163,64 Euro). Der reine Nettoverlust pro Monat bei 5 Prozent Teilzeit bleibt aber bei 150 Euro, weshalb das auch in den beiden Tabellen im Buch so verwendet wird.

Vorsicht vor dem Teilzeit-Trojaner!

Natürlich müssen Sie Ihre freien Tage nicht gebündelt nehmen, das ist ja klar. Sie können etwa bei der 5-Prozent-Teilzeit die reduzierten 2 Stunden schon in der laufenden Woche abfeiern, zum Beispiel immer freitags. Meiner Meinung nach ist die Wirkung jedoch wenig effektiv: Sie kommen zwar regelmäßig etwas früher ins Wochenende, gewinnen aber vergleichsweise weit weniger erholsame Zeit, als wenn Sie die Stunden ansammeln. Und freitags etwas früher Schluss zu machen fühlt sich auch nicht so richtig nach Teilzeit und Freiheit an, zumindest nach meinen Erfahrungen und denen anderer »Teilzeitmitstreiter«. Denn Sie müssen ja dennoch an diesem verkürzten Tag in die Firma reinkommen.

Außerdem besteht die große Gefahr, dass Sie dieselbe Arbeit einfach in kürzerer Zeit erledigen müssen: Chefs und Kollegen werden auf solch eine Miniteilzeit, die für sie kaum wahrnehmbar ist, keine Rücksicht nehmen. So habe ich das auch erlebt – ein Problem, das ich als »Teilzeit-Trojaner« bezeichne und im Folgenden näher betrachte.

Freistunden sammeln

Kumulieren Sie Ihre freien Stunden, bis Sie komplette Tage freinehmen können. Das ermöglicht Ihnen, mehr Abstand zum Job zu gewinnen und sich infolgedessen besser zu entspannen. Sprechen Sie mit Ihrem Vorgesetzten und achten Sie darauf, dass sich Ihre Teilzeit nicht wie bei Alois als Trojaner entpuppt!

Alois R., 46 Jahre, Ingenieur in Garmisch, nimmt seit Jahren seine reduzierten Teilzeitstunden am Freitag und ist damit nicht richtig glücklich. Durch das Modell hat sich nur ein sehr geringer Erholungseffekt eingestellt, er muss einfach alles etwas schneller erledigen, weil ja die Arbeitswoche für ihn 2 Stunden kürzer geworden ist. Trotzdem verdient er weniger Geld. Und weil er freitags ja früher frei hat, hat ihn seine Frau dazu verdonnert, auf dem Heimweg gleich mal den

Wocheneinkauf zu erledigen und den Sohn von der Schule abzuholen. Gewonnen hat Alois für sich also mit seiner Miniteilzeit nichts, im Gegenteil. Eigentlich würde er auch gerne eine Teilzeitform mit 3-Wochen-Arbeit-1-Woche-Freizeit nutzen, aber bislang konnte er sich da bei seiner asiatischen Firma nicht durchsetzen. Da ist die Akzeptanz von Teilzeit noch ganz anders gelagert als hierzulande. Aus diesem Grund hat Alois inzwischen gekündigt und sucht gerade einen neuen Arbeitgeber, der die Vereinbarkeit von Job und Familie besser gewährleistet. Und Alois ist nicht der Erste, der diese Konsequenz zieht, um mehr Zeit zu haben.

Eine Gefahr, der sich viele Beschäftigte in Teilzeit gegenübersehen, ist also der Teilzeit-Trojaner. Dieser zeigt sich, wenn Sie in der reduzierten Zeit das Gleiche leisten sollen wie bisher und dafür weniger Gehalt beziehen. Häufig haben Teilzeitarbeiter das Bedürfnis zu beweisen, dass man trotz Stundenreduzierung voll auf sie zählen kann. Dass sie immer noch einen super Job machen und natürlich auch, dass kein Kollege aufgrund ihrer Teilzeit zusätzlich belastet wird. Deshalb beschweren sie sich auch nicht, wenn die üblichen Aufgaben auf sie warten. In den meisten Fällen können sie ihr übliches Arbeitspensum tatsächlich in der reduzierten Zeit abarbeiten, vorausgesetzt, die Arbeitszeit wurde nur um wenige Prozent verringert. Allerdings sind die folgende Arbeitsverdichtung und der daraus resultierende Stress nicht mit dem ursprünglichen Ziel der Teilzeit vereinbar. So war das ja bei mir in meiner ersten Teilzeit auch. Leider, denn das ging dann gehörig schief mit meinem Fortbildungsversuch an der Universität Dortmund!

Aus diesem Grund ist es wichtig, bereits im Vorfeld mit dem Vorgesetzten die Rahmenbedingungen und Details der Teilzeit zu klären und insbesondere eine Anpassung des Arbeitspensums zu vereinbaren. Überlegen Sie gemeinsam, welche Aufgaben delegiert oder reduziert werden können, welche Aufgaben bei Ihnen verbleiben müssen oder welche Aufgaben möglicherweise auch gestrichen werden können. Ihr Teilzeitantrag kann eine Chance sein, Ihre Aufgaben neu zu strukturieren und Prozesse in der Abteilung zu optimieren. Vergessen Sie nicht, das Vereinbarte schriftlich zu fixieren, andernfalls können sich, beispielsweise bei einer späteren Leistungsbewertung, Nachteile für Sie ergeben. Sie müssen ja meine Fehler nicht unbedingt wiederholen …

20 Prozent Arbeitsplatzerhaltungsenergie

Was die Reduzierung der Arbeitszeit um 5 Prozent bewirkt, habe ich oben schon ausführlich erklärt. Allerdings fragen Sie sich jetzt noch: Woher kommen denn die 20 Prozentpunkte, die aus Ihren 5 Prozent Reduzierung 25 Prozent machen? 20 Prozent von 40 Wochenarbeitsstunden sind 8 Stunden. Im Grunde geht es um unbezahlte Mehrarbeit, die viele Arbeitnehmer leisten. Vielleicht haben Sie gar nicht das Gefühl, 20 Prozent Mehrarbeit zu leisten? Und 20 Prozent scheinen Ihnen doch recht unrealistisch und deutlich zu viel? Dann passen Sie mal bitte auf.

Es geht hierbei nicht um die klassischen Überstunden, die von Ihrem Vorgesetzten angeordnet werden – diese werde ich später noch näher beleuchten. Schauen wir uns also mal die Zeit an, die Sie für den Erhalt Ihres Arbeitsplatzes aufwenden. Ein langes Wort: »Arbeitsplatzerhaltungsenergie«!

Fragen Sie sich einmal ganz ehrlich: Wie viel Zeit benötigen Sie, um Ihre aktuelle Arbeit zu schaffen, sie vor- und nachzubereiten oder sich gedanklich damit zu beschäftigen? Dazu zähle ich Zeiten, in denen Sie sich Sorgen um Ihren Arbeitsplatz machen, über berufliche Probleme nachdenken oder nach Feierabend noch erreichbar sind. Hinzu kommen die Zeiten, in denen Sie zu erschöpft sind, um Ihre Freizeit so zu nutzen, wie Sie möchten, oder die Wegzeiten, wenn Sie erst zu Ihrer Firma fahren und später wieder zurück. All das nimmt sehr viele Stunden mehr in Anspruch, als Ihnen vielleicht bewusst ist.

Beginnen wir mit dem täglichen Arbeitsweg. Wenn Sie Ihre Fahrten zur Arbeit und zurück zusammenrechnen und die Zeit ergänzen, die Sie im Stau stehen oder in der Bahn feststecken – wie viel Zeit verlieren Sie dadurch? Vielleicht jeden Tag bis zu einer halben Stunde für den Hinweg und das Gleiche wieder zurück? Damit würden Sie im guten Durchschnitt liegen, wobei immerhin ein Drittel der befragten Deutschen Anfang 2017 länger brauchte, nämlich für die einfache Strecke zwischen einer halben und einer ganzen Stunde, und das jeden Tag.[37] Gehen wir einfach davon aus, dass Sie zu den Glücklichen gehören, die nur eine halbe Stunde pro Weg unterwegs sind. Auf die Woche hochgerechnet sind das bei einer Vollzeitstelle immerhin 5 Stunden Ihres Lebens – unabhängig davon, ob Sie Voll- oder Teilzeit arbeiten. Wenn Sie Ihre Arbeitszeit reduzieren und die Freistunden zu ganzen Tagen kumulieren, sparen Sie pro freiem Tag schon mal 1 Stunde.

Zeit sparen, Geld sparen, Nerven sparen

11 Tage weniger im Job bedeuten bei einem einfachen Arbeitsweg von 30 Minuten insgesamt 11 Stunden pro Jahr an zusätzlich eingesparter Fahrtzeit – deutlich mehr als ein Arbeitstag! Auch Ihre Fahrtkosten reduzieren sich, und über Stau oder überfüllte Busse und Bahnen müssen Sie sich ebenfalls weniger ärgern.

Ähnlich verhält es sich mit der Zeit, die Sie damit verbringen, dienstliche Mails »schnell noch« am Abend oder während des Frühstücks zu lesen. Oder vermeintlich wichtige Mails, die Sie am Wochenende beantworten, weil sie nicht bis Montag warten können. Was meinen Sie, wie schnell da die eine oder andere Stunde zusammenkommt? Wie mein Vater schon immer sagte: »Junge, nimm dir keine Arbeit mit nach Hause!« Recht hatte er, obwohl es damals noch kaum E-Mails gab. Aber im Prinzip hat sich daran seit Generationen nichts geändert: Job ist Job, Freizeit ist Freizeit.

Auch die sozialen Medien fordern ihren Tribut: schnell mal in der Kollegengruppe auf WhatsApp, in Threema oder einem anderen Messenger Nachrichten lesen und beantworten. Eine Nachricht auf Instagram oder einer anderen sozialen Plattform überfliegen und parallel dazu dem Kollegen zum Geburtstag gratulieren. Ein Foto von Kollegen herzen, ein kurzes Video liken und selbst noch fix etwas hochladen. Networking, der Austausch mit Kollegen und das Bearbeiten Ihrer Mails von zu Hause aus summieren sich zeitlich ganz schön.

Und, Hand aufs Herz, was geht Ihnen nicht alles durch den Kopf, wenn Sie gerade nicht im Büro sitzen? Auch außerhalb Ihres Jobs denken Sie oft genug über die Firma nach. Möglicherweise beschäftigt Sie Ihre nächste Beförderung oder Sie denken über ein wichtiges Projekt oder die Umsetzung einer schwierigen Aufgabe nach. Sie beobachten regelmäßig die Entwicklungen in Ihrer Branche, informieren sich in einem Fachmagazin über die neusten Erkenntnisse oder müssen Ihr Know-how auf den aktuellen Stand bringen. Sie fragen sich, welche Fortbildung für Sie sinnvoll ist und ob sie dieses Jahr noch genehmigt wird? All das beschäftigt Sie in Ihrer Freizeit und reduziert Ihre tatsächliche freie Zeit immer weiter.

Dass uns der Ausgleich zwischen unserer Arbeit und unserem Privatleben immer weniger gut gelingt, zeigt seit einigen Jahren eine Studie der Organisation für wirtschaftliche Zusammenarbeit und Entwicklung (OECD) zur Work-Life-Balance, der »Better Life Index«. Untersucht wurde, wie gut Beruf und Privatleben für Beschäftigte miteinander vereinbar sind, wie viele Stunden in der Woche gearbeitet werden und wie viele Stunden Freizeit übrig bleiben. In Deutschland beträgt die freie Zeit demnach durchschnittlich 15,6 Stunden, in Österreich 14,6 Stunden und in der Schweiz etwa 15 Stunden, die damit ziemlich genau dem OECD-Schnitt von 14,9 Stunden entspricht.[38] Allerdings ist dabei zu berücksichtigen, dass diese Zeit nicht nur mit Freizeitaktivitäten, sondern auch mit der Erfüllung von Grundbedürfnissen wie Essen und Schlafen ausgefüllt wird. Von den 15,6 Stunden pro Tag gehen also für Schlafen vielleicht 8 Stunden, für Essen 2 Stunden und für Körperpflege 1 Stunde ab. Wie viel bleibt da noch übrig? 4,6 Stunden! Das hört sich erschreckend wenig an.

2014 hat die OECD Beschäftigte außerdem gefragt, wie sehr die Arbeit sie auch im Privatleben beeinträchtigt. Basierend auf einer Skala von 0 (nie) bis 5 (immer) wurde ein Durchschnittswert zur Work-Life-Balance errechnet. Deutschland liegt auch hier im Ländervergleich mit 2,7 oberhalb des Durchschnitts. Allerdings hat sich der Wert im Vergleich zur letzten Erhebung 10 Jahre zuvor etwas verschlechtert, aktuellere Zahlen sind noch nicht verfügbar.[39]

Nichtsdestotrotz kann die Befragung als Anregung dienen. Beantworten Sie doch einmal vier Fragen der OECD-Studie für sich persönlich und machen Sie sich bewusst, wie stark auch Ihre Freizeit durch Ihren Job beeinflusst wird:

– Wie oft machen Sie sich über berufliche Probleme außerhalb der Arbeitszeit Sorgen?
– Wie oft fühlen Sie sich nach der Arbeit zu ermüdet, um Spaß an Dingen zu haben, die Sie zu Hause machen möchten?
– Wie oft haben Sie das Gefühl, Ihr Job hält Sie davon ab, so viel Zeit, wie Sie wollen, mit Ihrem Partner oder Ihrer Familie zu verbringen?
– Wie oft denken Sie, dass Ihr Partner oder Ihre Familie aufgrund Ihres Jobs sauer sind?

Ich denke, dass man diese Fragenliste um einige wichtige Punkte ergänzen oder präzisieren könnte. Aber letztlich decken diese vier Fragen schon einen Großteil der Themen ab – wodurch klar wird, wie viel wir doch auch im Privatleben an den Job denken. Der 5-ist-25-Prozent-Hebel ist das erschreckende Ergebnis solcher Überlegungen. Sicher, das ist alles recht grob hochgerechnet. Aber mal ehrlich: Das ist doch eher zu niedrig als zu großzügig geschätzt – je nachdem, wie lange Sie jeden Tag zur Firma fahren müssen und wie viele Sorgen und Gedanken Sie sich in Ihrer »Freizeit« über die Arbeit machen.

Überstundenbremse anziehen!

Die 20 Prozent Arbeitsplatzerhaltungsenergie sind schlimm genug – hinzu kommen oft noch echte Überstunden. Ich rede jetzt von den klassischen Überstunden, also jener Mehrleistung, die vom Vorgesetzten angeordnet wird, aber auch jenen, die Sie in Vollzeit wie selbstverständlich zu geben bereit sind. Was aber hindert Sie daran, nicht auf den Teilzeit-Trojaner hereinzufallen? Machen Sie immer noch deshalb mehr, weil Sie es so gewohnt sind? Eine Überstundenbremse muss also her, wenn man ein Teilzeitmodell leben will.

Voraussetzung für ein erfülltes Leben in Teilzeit und außerhalb der Arbeit ist eine deutliche Trennung von Privatleben und Beruf. Nach einer 2011 erhobenen Studie werden 27 Prozent der Beschäftigten von ihrem Arbeitgeber außerhalb der Arbeitszeit »oft«, zum Teil sogar »sehr oft« kontaktiert. Und mehr als jeder Siebte erledigt regelmäßig auch außerhalb der Arbeit dienstliche Aufgaben. Außerdem hat deutlich mehr als ein Drittel der Arbeitnehmer Probleme damit, nach der Arbeit abzuschalten und sich zu Hause nicht mit Problemen der Arbeit zu beschäftigen.[40] Bei vielen Mitarbeitern gibt es deshalb bei der Trennung von Beruf und Privatleben erhebliche Schwierigkeiten.

Arbeitnehmer in Teilzeit sind sich Ihrer (gedeckelten) Arbeitszeiten meist sehr viel bewusster als ihre Vollzeitkollegen und leisten deshalb, wie ich aus eigener Erfahrung bestätigen kann, weniger oder gar keine Überstunden. Ich nenne das deshalb den »Teilzeit-Mehrarbeitsdeckel«.

Warum ist das so? So kann beispielsweise Ihr Chef nicht mehr grundsätzlich erwarten, dass Sie jederzeit Überstunden leisten – das würde ja geradezu dem eigentlichen Sinn der Teilzeit zuwiderlaufen. Ausnahmen von dieser Regel müssen entweder klar im Arbeitsvertrag, in einer Betriebsvereinbarung oder im Tarifvertrag festgehalten werden. Oder es muss eine echte Ausnahmesituation vorliegen, beispielsweise ein Feuer- oder ein Sturmschaden, mit der sich die Überstunden begründen lassen – ein betrieblicher Engpass reicht als Grund nicht aus, Sie zu Überstunden zu verpflichten.

Trotz diesen klaren gesetzlichen Regelungen wurden 2016 in Deutschland rund 1.730 Millionen Überstunden geleistet, davon übrigens deutlich mehr als 900 Millionen Stunden unbezahlt.[41] Eine Gegenüberstellung der geleisteten Überstunden in Voll- und Teilzeit fällt deutlich zugunsten der Angestellten in Teilzeit aus. Der *Arbeitszeitreport Deutschland 2016*, erstellt von der Bundesanstalt für Arbeitsschutz und Arbeitsmedizin, schlüsselt die geleisteten Überstunden detailliert auf: Die Mehrheit der Teilzeitbeschäftigten leistet keine oder höchstens 2 Überstunden in der Woche; bei den Vollzeitbeschäftigten trifft dies nur für weniger als die Hälfte zu. Ein weiterer deutlicherer Unterschied zeigt sich beim Erbringen von mehr als 10 Überstunden in der Woche. Während dies bei Teilzeitbeschäftigten laut der Befragung von über 17.000 Mitarbeitern gar nicht vorkommt, trifft es auf gut 10 Prozent der Vollzeitkräfte zu.[42]

Die Zahlen bestätigen meine eigenen Erfahrungen mit Überstunden in Teilzeit: Es sind wenige bis gar keine. Denn meine Aufgaben und Arbeitszeiten sind inzwischen detailliert mit dem Dienstplangestalter, der Personalabteilung und dem Chef abgesprochen und auf meine reduzierten Wochenarbeitsstunden abgestimmt. Alle wissen ganz genau, wann ich auf der Arbeit bin und wann nicht. Das hat sich inzwischen gut eingespielt und läuft völlig reibungslos. Aus diesem Grund kann selbst eine sehr geringe Reduktion der Arbeitszeit viel Entspannendes bewirken!

Bei mir verhielt sich das mit den Überstunden in Vollzeit so wie wohl bei den meisten anderen, gerade in meinen ersten Berufsjahren nach dem Studium: Ich war sehr viel in der Firma – und das, ohne es weiter zu hinterfragen, sogar völlig freiwillig. Sie müssen sich vorstellen, dass wir eine der ersten Onlineredaktionen in der Republik waren mit zehn Journalisten, zwei Webmastern, einer Office-Managerin und einem Chef, die alle das große Ziel vor Augen hatten: den Fernsehsender, für den ich arbeitete, im Internet adäquat zu präsentieren.

Die Ziele waren hochgesteckt und die Aufgabe war vom Umfang für eine Person viel zu groß, aber das störte mich damals nicht. Denn auch die anderen Onliner, die andere Bereiche betreuten, ackerten förmlich bis zum Umfallen. Überstunden schrieben wir so gut wie nie auf – das war irgendwie normal damals, und die Arbeit war ja auch ziemlich faszinierend. Wir waren damals beispielsweise mit *Mensch im Netz* 1996 und 1997 eine der ersten Sendungen, die mit den Zuschauern per E-Mail und Chat live in der Sendung interagierten. Heute nennt sich das »Twitter-Tussi«, weil meist weibliche Redakteurinnen Tweets, Posts und Mails in einer Sendung vorlesen. Wenn man so will, war ich die erste »Twitter-Tussi« Deutschlands. Lange Jahre blieb das so mit meinem Überstundenverhalten. Die Chefs nahmen das von uns allen dankend an.

Nach ein paar Jahren stellte sich eine gewisse Routine ein. Deshalb wollte ich mehr berufliche Tiefe und dachte, dass ich diese über eine Doktorarbeit in Journalistik an der Universität in Dortmund gewinnen könnte. Mit dem Einreichen des Teilzeitantrags für eine 4-Tage-Woche änderte sich beruflich für mich alles: Ich musste über mehrere Semester zumindest einmal die Woche freitags von Mainz nach Dortmund pendeln, um bei meinem Doktorvater vorstellig zu werden und die eine oder andere Vorlesung bei ihm zu besuchen. Ich konnte also gar nicht mehr so viele Überstunden leisten wie bislang. Aber alle in der Firma wussten ja: Okay, der Mengewein will seinen Doktor in Journalistik machen. Doch gleichzeitig fiel das erste Mal überhaupt auf, wie viel Arbeit ich in den ersten Jahren weggeschafft hatte, die nun zum Teil liegen blieb. Hinzu kam ja noch: Meine freiwilligen Überstunden reduzierten sich mit dem Promotionsvorhaben von mehr als 120 auf knapp 80 Prozent. Für meinen Boss waren das schmerzliche 40 Prozent, also fast eine halbe Stelle, die ihm fehlten.

Damals wusste ich leider noch nicht so gut Bescheid über die Folgen, die Teilzeit für alle Beteiligten mit sich bringt. Ich dachte, dass ich mich eigentlich nur weiterqualifizieren wollte. Und so machte ich damals ein paar überflüssige Fehler, vor denen ich Sie heute bewahren möchte. Reden Sie also unbedingt mit Ihren Vorgesetzten sehr viel ausführlicher, als ich es damals tat. Wenn Sie Teilzeit arbeiten wollen, fixieren Sie schriftlich den reduzierten Umfang Ihrer Tätigkeit. Sonst geht es Ihnen vielleicht wie mir: Nach circa zwei Jahren musste ich mein Promotionsvorhaben abbrechen, leider – es war einfach zu viel.

Vielleicht sollte ich die Doktorarbeit heute, mit meinem umfangreichen Wissen zur Teilzeit, noch einmal richtig angehen – und von vornherein meine Aufgaben an die reduzierte Tätigkeit anpassen. Diese Aufgabenreduzierung unterließ ich damals. Ich dachte, dass ich natürlich in Teilzeit dieselbe Leistung im Job bringen und daneben auch noch promovieren könnte. Der klassische Teilzeit-Trojaner!

Überstunden in Teilzeit

Fällt regelmäßig auf Anordnung des Vorgesetzten Mehrarbeit an, kann laut Arbeitsrecht von einer stillschweigenden Neuregelung des Arbeitsvertrags ausgegangen werden. Die Überstunden werden entsprechend zur regulär geforderten Arbeitszeit – und aus einem Teilzeitvertrag kann so wieder ein Vollzeitvertrag werden.[43]

Mehr Distanz zum Job

Der 5-ist-25-Prozent-Teilzeithebel setzt sich aus den 5 Prozent echter Wochenarbeitszeitreduzierung plus 20 Prozent Arbeitsplatzerhaltungsenergie sowie dem Deckel bei den gemeinen Überstunden zusammen. Halbe Arbeit – ganzes Leben: Das heißt auch abschalten. Reduzieren Sie die Energie, die Sie freiwillig und vielleicht auch ganz unbewusst in Ihren Job einfließen lassen. Sobald Sie sich dessen bewusst werden und die Stunden zählen, in denen Sie sich gedanklich mit Ihrer Arbeit beschäftigen, werden Sie überrascht sein: Da kommt ganz schön was zusammen!

Denken Sie daran, was schon mein Vater vor Jahren sagte, und lesen Sie in der Teilzeit keine beruflichen Mails, Memos und Ähnliches mehr. Löschen Sie das Dienst-E-Mail-Konto von Ihrem Smartphone oder legen Sie sich ein zweites privates Handy zu. Wenn Sie freihaben, schalten Sie das Firmenhandy einfach komplett aus und vermeiden Sie alle Tätigkeiten, die in Zusammenhang mit Ihrer Arbeitsplatzerhaltung stehen. Diese freie Zeit gehört Ihnen allein, nutzen Sie sie! Sehen Sie die Teilzeit auch als Chance, Ihre Work-Life-Balance zu optimieren, und lassen Sie sich nicht von Ihrem Job vereinnahmen.

Beginnen Sie, eine gewisse emotionale Distanz zu Ihrem aktuellen Job aufzubauen. Ärgern Sie sich nicht weiter, wenn Sie in einem Meeting nicht Ihren Vorschlag durchsetzen können oder von einem Kollegen angeblafft werden. Es hilft nichts, sich darüber aufzuregen. Treiben Sie Sport oder verbringen Sie Zeit mit einem Hobby, um ein Ventil für Frust und Ärger zu haben.

Richtig abschalten

Der richtige Weg zum Abschalten funktioniert nach dem Buch *Arbeit. Warum sie uns glücklich oder krank macht* von Joachim Bauer weder über Zigaretten noch Alkohol oder Tabletten.[44] Das beste und wirksamste Mittel, um nach Feierabend und am Wochenende den Kopf freizubekommen, ist Sport, insbesondere das anstrengungsfreie Gehen, Joggen, Radfahren, Schwimmen oder Yoga.

Mir hilft Sport immer sehr, vor allem asiatische Kampfkunst ist bestens geeignet, den Kopf wieder freizubekommen. Als Schwarzgurt habe ich einfach ein ganz anderes Standing, eine viel stärkere Ausstrahlung, egal ob beim Training oder im Job. Und das funktioniert mit fast jedem Sport, garantiert: Sie müssen sich auch weniger vor dem Chef aufplustern oder mit Kollegen rumärgern. Man wird Ihnen mehr Respekt zollen, egal ob im Meeting oder beim Flurfunk. Und mit mir als Schwarzgurtträger legt sich sowieso niemand unnötig an …

Natürlich ist die Gefahr in Teilzeit besonders groß: Sie haben mehr Zeit, über Ihren aktuellen Job nachzugrübeln. Vermeiden Sie das unbedingt! Lernen Sie, Ihre Gedanken auf etwas anderes zu fokussieren als auf die Kollegen, den Chef, den Umsatz, die anstehende Umstrukturierung und die Kunden. Denken Sie sich frei!

Denken Sie an etwas, das Ihnen Spaß macht! Vielleicht wollten Sie ja schon immer mal den Segelschein machen: Wo meldet man sich an? Gibt es im Internet ein passendes Boot? Wie wäre es, sich in Gedanken schon mal einen leckeren Riesling des Lieblingsweinguts wohltemperiert beim Sonnenuntergang zu gönnen? Stößchen! Klappt das? Gut so, denn so einfach funktioniert es, glücklicher in der neuen Teilzeit zu leben: abschalten und das Hirn wieder mit positiven Gedanken fluten! Darf es etwas Käse mit Feigensenf zum Wein sein? Herrliche Farben des Sonnenuntergangs und wie sich alles im Wasser spiegelt. Prost!

Umgekehrt führen Überlegungen, was Sie alles nicht mehr tun möchten oder was Sie in Zukunft unbedingt vermeiden wollen, leider zu überhaupt nichts. Das beweist der Autor Thorsten Havener in seinem Buch *Denken Sie jetzt nicht an einen blauen Elefanten!* eindrucksvoll: Natürlich stellen Sie sich automatisch einen blauen Elefanten vor. Besser also, Sie führen sich das neue Segelboot, das frisch renovierte Haus, sich selbst beim Yoga am Strand vor – das wirkt nachhaltig.

Reduzieren Sie, und feiern Sie die gewonnene Zeit in Blöcken ab, nicht nur jede Woche am Freitagnachmittag. Je länger diese Blöcke sind, desto besser, denn umso länger können Sie auf Ihrem Segelboot sitzen und sich entspannen. Denn der Erholungseffekt setzt bekanntlich erst nach einigen Tagen ein. Genau aus diesem Grund ist laut Bundesurlaubsgesetz der Erholungsurlaub zusammenhängend zu gewähren, mindestens jedoch an 12 aufeinanderfolgenden Werktagen.[45]

Ja, die 5-Prozent-Teilzeit soll und darf eine Kettenreaktion auslösen, gerne auch in Ihrem Umfeld und, wenn es nach mir geht, umfassend in unserer Gesellschaft. Unsere Work-Life-Balance muss sich verbessern – durch Teilzeit! Das ist der Beginn eines Wegs, der Ihnen und uns allen ein besseres, gesünderes und glücklicheres Leben schenken kann!

Der Preis der Teilzeit

Wie viel weniger verdienen Sie eigentlich, wenn Sie Teilzeit arbeiten? Das ist eine der ersten Fragen, die man sich stellt. Die Antwort: brutto mehr und netto weniger. Sie verzichten auf relativ wenig Geld für das, was Sie im Gegenzug erhalten. In unserem 5-Prozent-Beispiel, der Mini-Max-Teilzeit, bekommen Sie für 163,64 Euro im Monat jedes Jahr 11 Tage obendrauf!

Für eine übersichtliche Beispielrechnung nehme ich an, dass Sie 3.000 Euro brutto verdienen – das ist ein wenig mehr als der durchschnittliche Bruttojahreslohn im Dienstleistungssektor in Deutschland, betrachtet über alle Arbeitnehmer hinweg.[46] Des Weiteren gehe ich davon aus, dass Sie in Vollzeit, also 40 Stunden pro Woche, arbeiten und 30 Tage Urlaub pro Jahr haben. Weitere Faktoren, etwa mehr oder weniger Feiertage je nach Arbeitsort oder die persönliche Steuerklasse, lasse ich der Einfachheit halber aus. Die folgende Tabelle zeigt Ihnen, wie viele freie Tage Ihnen im Jahr zur Verfügung stehen

Einfache Teilzeit-Freiheits-Tabelle

Teilzeit (Prozent)	**Arbeitszeit** (Stunden pro Woche)	**Urlaub** (Tage pro Jahr)	**Freizeit** (Tage pro Jahr)	**Gesamtfrei** (Tage pro Jahr)	**Gehaltseinbuße** (Euro pro Monat)	(Euro pro Jahr)
0	**40**	**30**	**0**	**30**		
5	38	28,5	11	39,5	– 150	– 1.800
10	36	27	22	49	– 300	– 3.600
15	34	25,5	33	58,5	– 450	– 5.400
20	32	24	44	68	– 600	– 7.200
25	30	22,5	55	77,5	– 750	– 9.000
30	28	21	66	87	– 900	– 10.800
50	20	15	110	125	– 1.500	– 18.000
75	10	7,5	165	172,5	– 2.250	– 27.000

und welchen Gehaltsverlust Sie dafür hinnehmen müssen – abhängig davon, um wie viel Sie Ihre Arbeitszeit reduzieren.

Neben meiner recht vereinfachten Tabelle gibt es für Deutschland einen offiziellen und sehr detaillieren Teilzeitrechner, der weitere Kriterien wie das Bundesland, die Rentenversicherung, den Lohnsteuertarif, die Steuerklasse, die Zahl der Kinder und die Kirchenzugehörigkeit berücksichtigt.

Teilzeitrechner

Um die Differenz zwischen Ihrem Gehalt in Vollzeit und Ihrem Gehalt in Teilzeit zu errechnen, stellt in Deutschland das Bundesministerium für Arbeit und Soziales einen Teilzeitrechner unter www.bmas.de/static/Teilzeit-Netto-Rechner/index.html bereit. Dieser ermöglicht es Ihnen, eine vorteilhafte Form der Teilzeit zu eruieren, indem Sie die Anzahl der wöchentlichen Arbeitsstunden variieren.[47] In der Schweiz gibt es einen guten Teilzeitrechner von der Eidgenössischen Technischen Hochschule Zürich unter www.ethz.ch/de/die-eth-zuerich/arbeiten-lehren-forschen/welcome-center/services-und-downloads/lohnrechner.html. In Österreich finden Sie unter: www.apit.at/gpa-teilzeitrechner einen Teilzeitrechner. Das ist ein Projekt der Österreichischen Hochschülerinnen- und Hochschülerschaft und der Gewerkschaft der Privatangestellten, Druck, Journalismus, Papier (GPA-DJP) in Österreich.

Der Bonus der Pendlerteilzeit

Neben der Mini-Max-Teilzeit sollten Sie für sich durchrechnen, ob nicht sogar mehr als nur 5 Prozent Teilzeit für Sie interessant sind. Wie wäre es beispielsweise mit 10 Prozent? Meine Rechnung unter Berücksichtigung der Arbeitsplatzerhaltungsenergie: 10 Prozent = 30 Prozent! Auch 10 Prozent sind für viele Arbeitnehmer äußerst sinnvoll und gerade für Pendler eine willkommene Entlastung. Ich bezeichne das 10-Prozent-Modell als »Pendlerteilzeit«.

Konrad B., 43 Jahre, Finanzwirt aus Frankfurt, hat seine Arbeitszeit um 10 Prozent auf 36 Stunden pro Woche gekürzt. Er wohnt circa 150 Kilometer von seinem Büro entfernt. Konrad war immer da: Wenn er nicht gerade Urlaub hatte oder eine Fortbildung besuchte, kam er zuverlässig ins Büro. Seine Laune wurde über die Jahre allerdings immer schlechter. Er war schnell genervt und oft ziemlich mürrisch. Konrad fühlte sich gefangen. Nun, mit den 90 Prozent, müssen Konrad und seine Chefin sehr genau planen und rechnen, denn seine Arbeitstage sind pro Jahr limitiert. Statt an 220 Tagen – so ist das in seinem Vertrag geregelt – in Vollzeit arbeitet Konrad nur noch 201 Tage, denn er hat jetzt 22 Tage mehr Freizeit, allerdings auch einen um 3 Tage verringerten Urlaubsanspruch. Da durch das strenge Schichtsystem in seiner Firma die Arbeitsblöcke nicht gekürzt werden können, werden die Teilzeitfreistunden übers Jahr summiert. Siehe da, seitdem Konrad auf 90 Prozent reduziert hat, ist er meist schon Ende Oktober mit seinen 201 Tagen durch und kann für mehrere Wochen am Stück freimachen. Außerdem spart er sich so an 19 Tagen jeweils 300 Kilometer für den Arbeitsweg – unterm Strich sind das schon 5.700 Kilometer weniger pro Jahr.

Legt man die steuerliche Pendlerpauschale von 30 Cent pro Entfernungskilometer zugrunde, spart Konrad bei einer Entfernung von 150 Kilometer zum Arbeitsort etwa 855 Euro – dafür kann er sich schon mal etwas Nettes gönnen. Klar könnte ich Ihnen hier eine detaillierte Rechnung aufmachen, mit Benzinkosten, Fahrzeugverschleiß, Wertverlust und allem Drum und Dran. Aber ich will Ihnen hier jetzt keine genaue Kalkulation präsentieren, in diesem Buch geht es schließlich um Grundsätzliches zum Thema Teilzeit. Und im Internet finden Sie jede Menge Beispielrechnungen und Onlinerechner, die Ihnen zeigen, was ein gefahrener Kilometer beim jeweiligen Auto tatsächlich kostet, etwa beim ADAC.[48] Denn es kommt ja auch darauf an, ob Konrad das Auto gekauft oder geleast hat. Und je dicker sein Schlitten ist, desto mehr rechnet sich jeder nicht gefahrene Kilometer beziehungsweise jede nicht gefahrene Pendelstrecke.

Fakt ist: Je weniger Konrad auf der Straße ist, desto mehr spart er sich an Fahrtkosten und hat auch weniger Wertverlust. 5.700 Kilometer weniger pro Jahr entlasten da schon deutlich. Beispiele laut obiger ADAC-Liste:

- *Opel Zafira 2.0 Diesel Automatik:* 62,6 Cent pro Kilometer, also 3.568,20 Euro weniger im Jahr.
- *Mercedes S 560 Coupé AMG Line Plus 4MATIC:* 189,2 Cent pro Kilometer, also satte 10.784,40 Euro im Jahr.
- *Smart fortwo Coupé 0.9 Turbo:* 31,2 Cent pro Kilometer, also 1.778,40 Euro.

Und wie bewerten wir die Lebenszeit von Konrad? 19 Tage mit je 1 Stunde und 40 Minuten hin, dasselbe zurück? Plus die Zeit, in der er im Stau steckt. Und Zeit verbringt er ebenfalls, wenn er nicht mit dem Auto fährt, in öffentlichen Verkehrsmitteln – und die verspäten sich auch gerne einmal oder fallen gar aus. Hinzu kommt, dass Konrad sein Risiko reduziert, auf dem Weg zur Arbeit einen Unfall zu erleiden oder beim Schnellfahren geblitzt zu werden – was zumindest zu einer höheren Lebenszufriedenheit beiträgt. Schwups, ist Konrad im Plus.

Ein weiterer wichtiger Aspekt: Konrad schont die Umwelt, wenn er weniger fährt, keine Treibhausgase und keinen Feinstaub mit seinem Diesel erzeugt und so seine persönliche Umweltbilanz verbessert. Das sind gut und gerne auch mal ein paar Euro wert, finden Sie nicht? Also ist Konrad unterm Strich im Plus – seine Nerven, seine Gesundheit, seine Zufriedenheit und die Umwelt ebenso: Pendlerteilzeit!

Konrad ist nur ein 90-Prozent-Teilzeit-und-150-Kilometer-Pendler-Beispiel, bei dem es zumindest im besten Fall auf null hinauslaufen kann. Wie ist es bei Ihnen? Welches Auto fahren Sie und wie teuer ist dessen Unterhalt? Was kostet Sie eine Monatskarte mit den öffentlichen Verkehrsmitteln? Was ist, wenn Sie weiter entfernt von Ihrer Arbeitsstelle wohnen? Konrad hat jedenfalls reduziert und somit zwar 3.600 Euro weniger im Jahr verdient, aber er spart sich auch viel Geld durch den Wegfall der 5.700 Kilometer jährlich, je nach Auto und

Distanz. Und endlich lächelt Konrad wieder, dank Teilzeit – und das ist letztlich unbezahlbar!

Schulferienteilzeit ist nicht nur etwas für Lehrer

Neben der Mini-Max-Teilzeit (5 Prozent = 25 Prozent), der eben angepriesenen Pendlerteilzeit (10 Prozent = 30 Prozent) möchte ich Ihnen noch die Schulferienteilzeit (15 Prozent = 35 Prozent) vorstellen. 15 Prozent Teilzeit können bereits mit den Schulferien gleichgesetzt werden, daher der Name.

Wollten Sie nicht schon immer mal so lange freihaben wie die Kinder während der Schulferien? Mit nur 15 Prozent Teilzeit haben Sie insgesamt 58,5 Tage im Jahr frei. Das entspricht fast den gesamten Ferien eines Schülers – da sind es durchschnittlich 63 Tage. Und der Preis für diese geniale Schulferienteilzeit kostet Sie in unserer Beispielrechnung nur 450 Euro pro Monat!

Wenn Ihr Kind genügend Geld hätte, um die Eltern in allen Schulferien immer bei sich zu haben, was würde es wohl sagen? Ganz klar: Es würde Mama oder Papa endlich von der doofen Arbeit freikaufen, um mehr mit ihr oder ihm zu spielen, zu toben oder großartige Sachen zu erleben. »Kinder an die Macht!«, sang schon Herbert Grönemeyer. Mehr Zeit für die Kids, dafür weniger Planungsaufwand für die Ferien – das ist das Motto der Schulferien-Freizeit.

Schon mit nur 15 Prozent Teilzeit haben Sie zusammen mit Ihrem Kind fast 60 Tage frei. Und falls die Kinder noch nicht in der Schule oder schon aus dem Haus sind, müssen Sie Ihren Urlaub auch nicht unbedingt zur Hochsaison nehmen – genau dann ist das Reisen ja am teuersten. Für einen Bruchteil der Kosten kann man sich außerhalb der Schulferien für wenig Geld an die schönsten Strände der Welt legen, Musik hören, einen Roman lesen und das Leben genießen. Ich habe das genauso gemacht und war günstig auf fast allen Kontinenten unterwegs.

Aber zurück zur Teilzeit: 15 Prozent kosten Sie – nach meiner zugegeben etwas vereinfachten Beispielrechnung – nur 450 Euro pro Monat. Zeit für den Nachwuchs zu haben und zu sehen, wie die Kleinen lernen und wachsen, ist hingegen unbezahlbar. Oder einfach mehr Zeit für eigene Projekte und Ideen, Zeit für sich selbst. Machen 450 Euro weniger im Monat das nicht locker wett?

Noch mehr Freiraum durch die Teilzeit-Freiwoche

Wenn Sie keine Teilzeit machen, verbringen Sie die meiste Zeit weiterhin mit oft übel gelaunten Kollegen im muffigen oder zugig klimatisierten Büro und ärgern sich über die Vorgesetzten, die Kunden, die Tätigkeit, das Kantinenessen und die tägliche Pendelei. Mein Rezept dagegen: 20 Prozent = 40 Prozent. Die 20-Prozent-Teilzeit ist mein persönliches Lieblingsmodell!

Ernst A., 28 Jahre jung, konnte ich dazu begeistern, die 3-Wochen-Arbeit-1-Woche-Freizeit-Teilzeit zu leben. Er arbeitete bei einem Radiosender und moderierte die Nachrichten – und musste damals als neuer Kollege zu allen unangenehmen Tages- und Nachtzeiten ran. Das hieß konkret: Um 5.30 Uhr für die »Morning-Show« wach, konzentriert und fehlerfrei auf dem Sender sein, tagsüber die Nachrichten vortragen und noch um 1 Uhr nachts die Spätnachrichten moderieren. Wie aufreibend das war, kann sich jeder sicher leicht vorstellen.

Ernst war ein begabter junger Mann, der so viele Talente mitbrachte, dass er damals noch nicht genau wusste, was aus ihm beruflich mal werden könnte – ob er nur Nachrichtensprecher bleiben oder irgendwann ein eigenes Hörfunkformat moderieren würde. Vielleicht hätte er auch außerhalb des Senders eine Karriere beginnen können? In seiner monatlichen Teilzeitwoche nahm er sich nun immer Zeit, zurück in seine Heimatstadt zu fahren, um seine Begabungen zu erforschen, seine Talente auszubauen, an neue Türen zu klopfen und zu sehen, wo er künftig als Alternative zum Radio arbeiten könnte.

Und tatsächlich: Inzwischen hat Ernst längst seinen Durchbruch geschafft und ist ein bekanntes Gesicht im Showbusiness geworden.

Reduzieren auch Sie Ihre Arbeitszeit so, wie es Ernst getan hat, und machen Sie etwas aus der gewonnenen Zeit. Nur 20 Prozent Teilzeit bedeuten 40 Prozent frei. 68 Tage, um genau zu sein, die 24 Tage Urlaub sind bereits enthalten. In Bezug auf das Gehalt bedeuten 20 Prozent Teilzeit 600 Euro weniger im Monat. Aber nicht vergessen: Sie hätten dann 20 Prozent mehr frei, und damit sogar etwas mehr Ferien als Ihre Kinder!

Ich höre schon Ihr Kind zum besten Freund sagen: »Mama und Papa sind in allen Ferien immer für mich da. Außerdem ist Papa jedes Jahr noch mit seinem Schulfreund im Urlaub. Dieses Jahr sind die beiden auf dem Motorrad durch Amerika gebrettert, ohne Mama und mich! Und letztes Jahr waren sie in Las Vegas und nächstes Jahr wollen sie eine Rucksacktour durch Neuseeland machen. Das nennen sie ›Männerurlaub‹ – finde ich zwar doof, dass sie ohne mich fliegen, aber Papa kommt immer so glücklich zurück.« Na, klingt das nicht verlockend?

Lernen Sie Nein sagen

Mit Teilzeit haben Sie endlich ein stechendes Argument, künftig Nein zu Ihrem Boss zu sagen! Ein vertraglich zugesichertes Nein, denn Ihr Teilzeitantrag wird schriftlich fixiert. Sagen Sie Nein zu einer Menge an Überstunden, die hierzulande Dimensionen erreicht, die wir nicht mehr akzeptieren sollten. Und meist leisten wir all die vielen Überstunden sogar unentgeltlich, um dem Chef zu gefallen, um die Kollegen nicht im Stich zu lassen oder um beruflich voranzukommen – »weil es gerade halt nicht anders geht«. Oder aus Angst vor Jobverlust oder einem vermeintlichen Karriereknick.

Beim Neinsagen kann man auch durchaus kreativ sein. Versuchen Sie es doch mal mit einer Gegenfrage. Kommt Ihr Chef das nächste

Mal mit einer zusätzlichen Aufgabe, die Sie noch unbedingt erledigen sollen, fragen Sie ihn einfach, ob er weiß, dass Sie doch jüngst eine Teilzeitvereinbarung getroffen haben. Oder hängen Sie in Ihrem Büro einen gut sichtbaren Teilzeit-Jahreskalender auf. Bei meinem wird ganz schnell ersichtlich, wann der Mengewein seine Freiwochen und Urlaub hat und er eben keine zusätzlichen Aufgaben übernehmen wird. Stellen Sie sich vor Ihren Kalender und sehen Sie dann fragend Ihren Chef an, wenn er mit einem Extrajob um die Ecke kommt. Bei mir hat das immer hervorragend funktioniert. Es ist einfach nicht Ihr Problem, wenn es anscheinend zu wenige Schultern gibt, auf die die Aufgaben verteilt werden sollen. Teilzeit ist eine völlig legitime und nachvollziehbare Art, Nein zu sagen. Und dieses Nein ist gleichzeitig ein Ja zu Ihrem Leben, zu Ihrer Freiheit, zu Ihrem persönlichen Cut von den »Fußfesseln« an Ihrem Schreibtisch.

Zum Schluss setze ich die Arbeitnehmerbrille ab und nehme einmal die Arbeitgeberperspektive ein. Auch für Ihren Chef wirkt sich die Teilzeit von Mitarbeitern deutlich günstiger aus als allgemein vermutet! »Teilzeitangestellte sind seltener krank, arbeiten produktiver und motivierter«: Das fand eine Studie des Instituts für Arbeitsmarkt und Berufsforschung bereits 2004 heraus.[49] Ich setze die Arbeitgeberbrille wieder ab.

Schon bei den sogenannten vollzeitnahen Teilzeitformen – der Mini-Max-5-Prozent-Teilzeit, der Pendler-10-Prozent-Teilzeit, der Schulferien-15-Prozent-Teilzeit oder meinem Lieblingsmodell der 20-Prozent-Teilzeit – wird Ihre Lebensqualität enorm zunehmen, besonders in Kombination mit Ihrem Nein zu unbezahlten Überstunden und dem Verzicht auf unnötige Arbeitsplatzerhaltungsenergie. Denn nun heißt es: weniger für die Firma, mehr Raum für Sie selbst, und das letztlich bei fairer Vergütung!

Entschleunigter Jahreskalender

Ich selbst liebe und lebe aktuell die 3-Wochen-Arbeit-1-Woche-Freizeit-Teilzeit. Schauen Sie sich doch mal hier meinen Jahreskalender 2018 als Beispiel an.

Januar	Februar	März
KW 1	KW 6	KW 10
KW 2	KW 7	KW 11
KW 3	KW 8 Teilzeitfrei	KW 12 Teilzeitfrei
KW 4 Teilzeitfrei	KW 9	KW 13 Urlaub
KW 5		
April	**Mai**	**Juni**
KW 14	KW 18	KW 23
KW 15	KW 19 Urlaub	KW 24 Teilzeitfrei
KW 16 Teilzeitfrei	KW 20 Teilzeitfrei	KW 25
KW 17	KW 21 Urlaub	KW 26
	KW 22 Urlaub	
Juli	**August**	**September**
KW 27	KW 31	KW 36 Teilzeitfrei
KW 28 Teilzeitfrei	KW 32 Teilzeitfrei	KW 37
KW 29	KW 33 Urlaub	KW 38
KW 30	KW 34	KW 39
	KW 35	
Oktober	**November**	**Dezember**
KW 40 Teilzeitfrei	KW 44 Teilzeitfrei	KW 49
KW 41	KW 45 Urlaub	KW 50
KW 42	KW 46	KW 51 Teilzeitfrei
KW 43	KW 47	KW 52
	KW 48 Teilzeitfrei	

Sie sehen, wie viele Blöcke ich pro Jahr tatsächlich freihabe. Da ich die Feiertage und die Brückentage verbinde, komme ich auf 6 Wochen Urlaub und 13 Wochen Teilzeit – und bin somit 19 Wochen nicht im Job! Im Jahr 2018 liegen die Wochen zufällig so, dass es im Oktober ganz knapp 2 Teilzeitwochen sind. Im Mai war ich 4 Wochen am Stück mit dem Rucksack unterwegs und im März, August, Oktober und November jeweils nur 2 Wochen am Arbeitsplatz, in den restlichen Monaten maximal 3 Wochen.

Wenn ich also jeden Monat eine Woche nicht arbeiten muss und dann noch knapp 5 Wochen Urlaub hinzukommen, heißt das, dass ich an 5 Monaten je 2 Wochen nicht arbeite. Und je nachdem, wann ich die 5 Urlaubswochen anhänge, ergeben sich fünfmal 2-Wochen-Teilzeitblöcke. Nehme ich etwa 3 Wochen Urlaub, verbinde ich praktischerweise 2 Teilzeitwochen miteinander und bin deshalb 5 Wochen am Stück raus – das funktioniert natürlich auch hervorragend in Kombination mit Feier- und Brückentagen.

Mit 5 Wochen können auch Sie jedenfalls mal so richtig weit reisen! Rucksacktour durch ganz Südamerika gefällig? Einen tief gehenden Yogakurs in Indien erleben? Intensivsprachkurs in Spanien besuchen? Schenken Sie mal vorsorglich Ihrer potenziellen Reisebegleitung dieses Buch, und schon können Sie nächstes Jahr gemeinsam den lang ersehnten gemeinsamen Urlaub in einem exotischen Land verbringen: Ticket gekauft, Sachen gepackt, Sonnenbrille auf und ab in die Ferne! Sie werden es sicher nie bereuen, Teilzeit beantragt zu haben.

Natürlich müssen Sie Ihre Teilzeit-Freiheit nicht so bis ans Limit ausreizen. Wie auch immer Sie es anstellen: Unterm Strich ist Teilzeit immer noch cool genug und mehr als erstrebenswert. Wenn Sie dann noch arbeiten, wenn die anderen freihaben, Ihre Auszeit nehmen, wenn nicht gerade die Hochsaison in den Schulferien ist, werden auch Ihre Kollegen Sie dafür schätzen und Ihre Teilzeit-Freiheit lieben lernen.

4
Was unterschiedliche Teilzeitmodelle bieten

Es hängt von Ihrer Lebensphase und Ihren persönlichen Wünschen ab, welche Teilzeitmodelle für Sie mehr oder weniger sinnvoll sind. In diesem Kapitel gehe ich auf die wichtigsten Formen ein, um Ihnen ganz konkret die jeweiligen Vor- und Nachteile zu zeigen. So sind Sie in der Lage, selbstständig abzuwägen, welches Modell zum aktuellen Zeitpunkt am besten Ihren Bedürfnissen entspricht.

Ganz allgemein ist Teilzeit durch eine Reduktion der Arbeitsstunden pro Tag, pro Woche, pro Monat oder pro Jahr möglich. Die angehäuften Freistunden sammeln Sie entweder auf einem Arbeitszeitkonto oder feiern sie zeitnah ab. Je länger Sie Ihre Freistunden ansparen, desto länger können Sie später Ihrem Alltag entfliehen. In den Bereichen Teilzeit und geringfügige Beschäftigung haben sich in den letzten Jahren unterschiedliche Begriffe wie »Di-Mi-Do«, »Teilzeit-Invest«, »Schulferienteilzeit«, »Altersteilzeit«, »Pflegeteilzeit«, »Sabbatical«, »Teilzeitnomade«, »Brückenteilzeit« und so weiter herauskristallisiert. Was genau sich hinter diesen Bezeichnungen versteckt und welches Modell am besten zu Ihnen passt, sehen Sie im Folgenden. Wir beginnen mit einer Tabelle als erste Übersicht.

Die wichtigsten Teilzeitmodelle im Überblick

	Teilzeit-Formen	Praktische Anwendung	Freizeitgewinn
1.	**Klassische Teilzeit und Klassik-Vario**	Halbtags, 6-Stunden-Tag, x-Stunden-Tag; 4-Tage-Woche, Di-Mi-Do, x-Tage-Woche, Teilzeit in Schichtarbeit	Einzelne Stunden pro Tag oder ganze Tage
2.	**Teilzeit-Invest**	Mini-Max, Lieblingsmodell, Pendlerteilzeit, Schulferienteilzeit, 2-Wochen-Arbeit-2-Freizeit, Turnusteilzeit, 4-Monate-Freizeit, auch Sabbatical	Ganze Tage, Wochen, Monate oder Jahre
3.	**Messebauer-, Montage- und Turnusteilzeit**	Phasenweises Arbeiten am Stück, dann Überstunden abfeiern	Ganze Tage, Wochen und Monate
4.	**Saisonteilzeit**	Saisonales Arbeiten am Stück in der Hochphase, dann Überstunden abfeiern über Wochen und Monate	Außerhalb der Saison, ganze Wochen und Monate
5.	**Schichtarbeiterteilzeit**	Arbeitszeiten abhängig von Produktionsgegebenheiten	Einzelne Stunden oder ganze Tage
6.	**Teamteilzeit**	Erreichbarkeit, Öffnungszeiten, Sprechstunden im Team garantieren	Täglich einzelne Stunden, ganze Tage, ganze Wochen
7.	**Jobsharing und Jobtandem**	Mehrere Personen teilen eine Vollzeitstelle	Täglich einzelne Stunden, ganze Tage, ganze Wochen
8.	**Teilzeitnomade, Homeoffice, Telearbeit und Vertrauensarbeitszeit**	Standortunabhängige Teilzeitarbeit	Täglich einzelne Stunden, ganze Tage, Wochen oder Monate
9.	**Sabbatical und Sabbatical light**	Mehrere Monate oder Jahre arbeiten, dann lange Auszeit	Mehrere Monate oder Jahre
10.	**Bildungsteilzeit**	Teilzeitarbeit, um nebenher zu lernen, zu studieren oder eine Ausbildung zu machen	Täglich einzelne Stunden, ganze Tage oder Wochen
11.	**Pflegeteilzeit**	Betreuung und Pflege von Angehörigen	Stunden, Tage, Wochen, Monate oder Jahre

12.	**Schwerbehinder-tenteilzeit**	Kürzere Arbeitszeiten für Schwerbehinderte	Stunden pro Tag, Tage pro Woche oder Monat, ganze Wochen, Monate oder Jahre
13.	**Elterngeld, Elterngeld Plus und Elternzeit**	Betreuung von Kindern	Stunden, Tage, Wochen, Monate oder Jahre
14.	**Altersteilzeit**	Sanfter Übergang in den Ruhestand	Monate oder Jahre
15.	**Unfreiwillige Teilzeit und Kurzarbeit**	Kurzarbeit wegen Auftragsschwankungen	Stunden, Tage, Wochen oder Monate
16.	**Minijob**	Lohn bis 450 Euro im Monat	Stunden, Tage oder Wochen
17.	**Unbezahlter Urlaub**	Frei ohne Teilzeit-Rettungsfallschirm	Tage, Wochen oder Monate
18.	**Teilzeit auf Probe und Schnupperteilzeit**	Teilzeit-Testballon starten, eventuell über unbezahlten Urlaub nachdenken	Stunden pro Tag, Tage pro Woche oder Monat
19.	**Brückenteilzeit**	Neue Teilzeitform mit garantiertem Rückkehrrecht in Vollzeit	1 bis 5 Jahre

Sie haben ein interessantes Teilzeitmodell für sich gefunden? Dann können Sie zu dem entsprechenden Abschnitt springen und zu der aufgelisteten Teilzeitform weitere nützliche Details nachlesen.

1. Klassische Teilzeit und Klassik-Vario

Der Vorteil aller klassischen Teilzeitmodelle besteht darin, dass sie grundsätzlich von allen Mitarbeitern, also auch von Ihnen, problemlos genutzt werden können, aber eben auch für Teamleiter und Führungskräfte interessant sind und immer interessanter werden. Gerade wenn Sie private Dinge in einer bestimmten Phase Ihres Lebens unter Dach und Fach bringen müssen, sind die klassischen Modelle nach wie vor die bevorzugte Wahl.

Viele Personalverwalter in größeren Unternehmen haben bereits Erfahrung mit Teilzeitarbeitskräften in den klassischen Varianten gesammelt und sind deshalb routiniert bei der Einrichtung und Abwicklung der Teilzeitanträge. Der Verwaltungsaufwand hält sich folglich in Grenzen und fast alle Fragen, die in Bezug auf die Teilzeit auftreten, wurden im Unternehmen schon einmal beantwortet.

Auch für die klassischen Modelle gilt: Nehmen Sie sich vor dem in Kapitel 3 beschriebenen Teilzeit-Trojaner in Acht. Gerade bei diesen Teilzeitformen besteht die Gefahr, dass Sie für weniger Geld die gleiche Arbeit in kürzerer Zeit leisten müssen. Deshalb hier noch einmal der Tipp: Sprechen Sie mit Ihrem Chef vor Beginn Ihrer Teilzeit, fixieren Sie die Reduzierung des Leistungsumfangs schriftlich und rufen Sie sich als abschreckendes Beispiel noch einmal die Situation von Alois aus Kapitel 3 in Erinnerung.

Empfehlenswert sind die klassischen Teilzeitvarianten für alle, die sich dauerhaft gestresst fühlen und vielleicht sogar bereits an leichten Erschöpfungserscheinungen leiden, oder für Menschen, die nach einer langen Erkrankung, etwa einem Burn-out, wieder in den Arbeitsalltag einsteigen möchten: einfach weniger Stunden pro Tag arbeiten, damit mehr Ruhephasen und Zeit zum Erholen schaffen und den Wiedereinstieg langsam angehen. Langfristig kann man durchaus planen, wieder auf einem vollzeitnahen Niveau zu arbeiten.

Für Sie als Arbeitnehmer ist das grundsätzlich positiv, da ja in einem klassischen Teilzeitmodell das aktuelle Arbeitsverhältnis bestehen bleibt. Damit laufen alle Sozialversicherungen ebenso weiter wie Ihre betriebliche Altersvorsorge oder ähnliche Leistungen. In manchen Fällen kann es sogar steuerliche Vorteile mit sich bringen, auf Teilzeit zu gehen, weil man dadurch unter eine Steuerprogressionsgrenze sinkt und so vielleicht netto wieder etwas mehr von seinem Bruttogehalt in der Tasche hat. Wenn Sie weniger arbeiten, bekommen Sie weniger Gehalt, haben dadurch jedoch auch geringere Abgaben. Prozentual betrachtet bleiben bei einer Arbeit in Teilzeit Ihre Sozialabgaben natürlich gleich – allerdings verringern sich die Lohn-

und die Kirchensteuer ebenso wie der Solidaritätszuschlag in der Regel anteilig stärker.[50]

Die Vorteile der klassischen Teilzeitmodelle für Arbeitgeber sind ebenfalls nicht von der Hand zu weisen. Vorgesetzte, Teamleiter und Chefs behalten das Know-how ihrer langjährigen Mitarbeiter im Unternehmen, auch wenn diese in Teilzeit gehen. Sie verlassen nicht die Firma und müssen deshalb auch nicht durch aufwendige Neueinstellungen ersetzt werden, nur weil sie mal eine Kinderpause einlegen, einen Biobauernhof aufbauen wollen oder ehrenamtlich in einer Non-Profit-Organisation helfen möchten. Für Unternehmen ist das angenehm, da erst einmal die Projekte der früheren Vollzeitmitarbeiter nahtlos weitergeführt werden können – und man in Ruhe überlegen kann, welche Aufgaben auf andere Köpfe verteilt werden. Es muss dem Chef also klar sein, dass die Mitarbeiter, die Teilzeit beantragt haben, diese auch irgendwann, wenn auch nicht sofort, abfeiern werden und dann dem Unternehmen fehlen. Ein weiterer Vorteil ist, dass Kunden ihre vertrauten Ansprechpartner nicht komplett verlieren, obwohl natürlich in den reduzierten Zeiten für Ersatz gesorgt werden muss.

Ein Nachteil aus Sicht der Unternehmen ist ein gewisser Mehraufwand bei der Personalverwaltung, weil man die fehlenden Kapazitäten durch andere Mitarbeiter ersetzen muss. Sprich: Es müssen womöglich doch neue Leute eingestellt oder die Arbeit muss intern umstrukturiert werden, um die entstandenen Teilzeitlücken aufzufüllen. Auch die Arbeitseinteilung der Teilzeitbeschäftigten ist aufwendiger, da sie weniger im Haus und damit nicht immer direkt erreichbar sind. Der Mehraufwand in der Verwaltung fällt für Unternehmen bei der klassischen Teilzeit allerdings recht gering aus; um sie konkret umzusetzen, ist jedoch etwas Planung notwendig. Schwieriger wird es bei Führungskräften, die Teilzeit arbeiten wollen: Hier kann es komplizierter werden, adäquaten Ersatz zu finden. Aber mal ehrlich, jeder ist ersetzbar. Und wo ein Wille ist, findet sich auch immer ein Weg.

Allerdings gibt es durchaus Unternehmen, die beweisen, dass sich der Aufwand bei der Umsetzung von Teilzeitmodellen in Grenzen hält und diese mehr Vorteile als Nachteile mit sich bringen. Eines dieser Beispiele ist die Deutsche Telekom, die bereits seit 2014 ein Teilzeitmodell mit Rückkehrgarantie anbietet. Für die Angestellten bedeutet dies, dass sie sogar früher als ursprünglich gedacht aus der Teilzeit wieder in die Vollzeit wechseln können – dazu ist lediglich eine Ankündigung 3 Monate vor der gewünschten Rückkehr notwendig. Eine erprobte und standardisierte Arbeitsweise sorgt für eine problemlose Umsetzung in der Personalverwaltung. Das Angebot flexibler Teilzeitmodelle wird von der Telekom als Investition in die Zukunft gesehen, um überdurchschnittlich qualifiziertes Personal zu rekrutieren.[51]

Von den klassischen Teilzeitmodellen habe ich die 4-Tage-Woche zwei Jahre lang gelebt, um mich an der Universität in Dortmund im Fachbereich Journalistik weiterzuqualifizieren. Die 4-Tage-Woche hat den Vorteil, dass sich dieses weitverbreitete Modell sehr schnell und geräuschlos bei allen Kollegen und Kunden eingeprägt hat. Man wusste innerhalb von kürzester Zeit, dass der Mengewein freitags nicht im Haus sein würde, und so legte man damals einfach alle anstehenden Termine, Gespräche und Verabredungen auf Montag bis Donnerstag. Beginn und Ende der Teilzeit waren definiert, und auch alle anderen Formalitäten waren schnell über die Bühne gebracht. Ein klassisches Teilzeitmodell ist eine solide und erprobte Art, Teilzeit mal zu testen. Auch die Dauer kann man ja verhandeln. Warum also nicht einfach mal eine klassische Teilzeit für nur ein halbes Jahr versuchen?

Bei den klassischen Teilzeitmodellen arbeiten Sie entweder weniger Stunden pro Tag oder Woche oder alternativ weniger Tage pro Woche oder pro Monat, dann nennt sich das »Vario«. Konkret heißt das:

- *Weniger Stunden pro Tag oder pro Woche:* Sie arbeiten regelmäßig nur noch 6 anstelle der üblichen 8 Stunden pro Tag oder in der Woche insgesamt weniger Stunden, beispielsweise nur noch 32 Stunden, die Sie sich in Abhängigkeit der anfallenden Arbeiten oder persönlichen Präferenzen eigenständig einteilen.
- *Weniger Tage pro Woche oder pro Monat:* Sie arbeiten zum Beispiel nur noch Montag bis Donnerstag die üblichen 8 Stunden und haben

dafür jeden Freitag frei. Oder Sie sind 3 Wochen in der Firma und haben danach 1 Woche frei – Klassik-Vario.

Bei den klassischen Teilzeitmodellen können Sie also den Umfang der Arbeitszeit individuell reduzieren. Abhängig von Ihren persönlichen Motiven, Teilzeit zu arbeiten, können Sie die Modelle auf Ihre Bedürfnisse anpassen. Beispielsweise können Sie es so einrichten, dass Sie zwar jeden Tag in der Firma sind, aber stets etwas früher Schluss machen und vielleicht wie bei einer Halbtagstätigkeit nur am Vormittag arbeiten, um nachmittags für die Kinder da zu sein. Alternativ können Sie die freien Stunden bündeln, um zum Beispiel jeden Freitag früher nach Hause zu gehen, Ihre Wochenenden zu verlängern und so mehr Zeit für persönliche Projekte oder Hobbys zu schaffen.

Sie können natürlich auch gebündelt tageweise weniger arbeiten. Daraus ergeben sich viele denkbare Varianten, beispielsweise eine 4-Tage-Woche oder Di-Mi-Do, also eine 3-Tage-Woche mit Diensten immer nur dienstags, mittwochs und donnerstags. Es gibt aber auch die Option, an 3 beliebigen Tagen im Job zu sein, um daraufhin 4 Tage freizuhaben. Dieses Modell wird auch als variables klassisches Modell oder als »Klassik-Vario« bezeichnet. Hier ist eine völlig flexible Verteilung der Arbeitszeiten möglich. Nicht zusammenhängende Tage können in manchen Fällen ebenso Sinn ergeben wie etwa die 2-Tage-Woche von Magdalena V., 42 Jahre, aus Wiesbaden.

Magdalena ist Angestellte bei einer Steuerkanzlei. Sie arbeitet mittwochs und freitags je acht Stunden – das sind 16 Stunden pro Woche, eine 2-Tage-Woche bei 40 Prozent. Den Rest der Woche hat sie frei, um sich um ihre Familie und ihre beiden Kinder zu kümmern. Für den Steuerberater ist das hilfreich, denn gerade freitags ist die Kanzlei dadurch den ganzen Tag bis 17 Uhr besetzt – was das Steuerbüro von anderen abhebt, die sich freitags schon ab 12 Uhr ins Wochenende verabschieden. Und für Magdalena ist es ein hervorragender Weg, sich um die Kinder samt Hausaufgabenbetreuung zu kümmern. An den anderen Tagen übernimmt übrigens Magdalenas

Mann, der montags bis donnerstags in Teilzeit arbeitet und auf 32 Stunden pro Woche reduziert hat.

Ein weiteres Beispiel ist die Teilzeit eines Bekannten aus Berlin, Felix A., 39 Jahre alt. Felix ist Grafikdesigner in einer kreativen Agentur in Mitte und hat montags immer frei – eine 4-Tage-Woche, also 80 Prozent. Zusammen mit seiner Frau Anja haben sich die beiden entschlossen, nebenher einen kleinen Biobauernhof aufzubauen. Sie pflanzen Obst und Gemüse an und halten Hühner, Gänse und Schafe. Ihr kleiner Bauernhof läuft so gut, dass Felix inzwischen viele eigene Erzeugnisse wie Obst, Gemüse und frische Eier über seinen Hofladen verkauft; auch in seinem Kollegenkreis im Hauptjob finden sich viele Stammkunden. Felix plant, langfristig noch mehr Teilzeit zu machen, um künftig eventuell komplett vom Hof leben zu können – der Ausstieg aus seinem bisherigen Hauptjob, worüber Sie mehr in Kapitel 7 lesen. Aus der Sicherheit seiner Anstellung heraus hat er sich zusammen mit seiner Partnerin seinen Lebenstraum erfüllt.

Felix lebt seit Jahren eine ausgeglichene Work-Life-Balance, auf der Maslow'schen Bedürfnispyramide hat er schon lange den Status »Selbstverwirklichung« erreicht – was man ihm sofort anmerkt: Kaum ein Mensch strahlt so viel Ruhe, Freundlichkeit, Frieden und Mitmenschlichkeit aus wie er. Ein wirklich erstrebenswerter Zustand, den Felix uns vorlebt. Weiter so, Felix!

2. Teilzeit-Invest

Teilzeit-Invest kann man auch als »unsichtbare Teilzeit« bezeichnen. Der Name »Invest« deutet es an: Sie investieren erst einmal. Denn trotz der Verringerung der Arbeitszeit wird zunächst voll weitergearbeitet, die Stunden werden dabei angespart und später en bloc als Freizeit genommen. Man investiert quasi in eine künftige Auszeit, zum Beispiel in einen vorgezogenen Ruhestand – worauf ich im Detail weiter unten im Abschnitt 14 zur Altersteilzeit eingehe.

Die Invest-Varianten sind meiner Erfahrung nach die interessantesten Modelle. Sie summieren dabei die freien Stunden zu Tagen und dann noch zu Blöcken, beispielsweise zu einem 2-Wochen-Arbeit-2-Wochen-Freizeit-Modell. Dann haben Sie einen direkten Freizeitgewinn allein dadurch, dass Sie Ihre arbeitsfreien Tage am Stück genießen können.

Von den Invest-Modellen habe ich ja die 3-Wochen-Arbeit-1-Woche-Freizeit-Teilzeit zu meinem Lieblingsmodell erkoren. Ein Monat hat bekanntlich im Schnitt 30 Tage, wovon man aber nur an 15 Tagen arbeitet. So fühlt es sich an wie 50 Prozent Teilzeit, aber man bekommt stattliche 80 Prozent des Gehalts. Netto ist die Reduzierung nicht so gravierend, da die Steuerprogression hier mildernd zu Buche schlägt. Je nachdem, wie man seine Teilzeit-Woche legt, Urlaubstage dranhängt, Brückentage nutzt, ist der Freizeitgewinn enorm – meinen Jahreskalender durften Sie ja schon im vorigen Kapitel bewundern.

Dennoch bleibt man bei seinen Vorgesetzten sichtbar, ist planbar bei der Arbeit, dabei besonders motiviert, gesund und entspannt und qualifiziert sich darüber hinaus vielleicht sogar regelmäßig auf eigene Kosten während der Freiphasen weiter – einige handfeste Vorteile für den Arbeitgeber. Auch im Kollegenkreis ist man mit diesem Teilzeitmodell vergleichsweise beliebter als so manch gestresster Vollzeitkollege, der dem Burn-out nahe ist. Teamkollegen, die Teilzeit machen, sind eben weniger krank und fallen seltener in wichtigen Projektphasen aus, sind somit einfach verlässlicher.

Neben dem eben beschriebenen Modell habe ich auch noch das Invest-Modell mit 50 Prozent Reduzierung für meine Weltumrundung ausprobiert. 2 Wochen arbeiten und 2 Wochen reisen oder: halbe Arbeit – ganzes Leben. Eine herrliche Befreiung aller Fesseln des Arbeitsplatzes. Man ist im Monat ja nur noch 10 Tage effektiv im Job, hat dann 20 Tage frei, inklusive der Wochenenden et cetera. Ich hatte das Glück, dass ich manchmal sogar 10 Tage am Stück durcharbeiten durfte – und darauf 20 Tage Reisezeit folgten. Ergänzt vielleicht noch um ein paar Urlaubs- oder Feiertage, eröffnete mir das meine Around-the-world-Tour.

In diesem zugegebenermaßen extremen Beispiel habe ich meine Wohnung in Deutschland aufgegeben und ein Jahr lang im Hotel oder privat gewohnt, um alles Geld in mein damaliges Backpacker-Leben zu investieren. In jenem Jahr durfte ich zudem meinen verbliebenen Urlaub von 15 Tagen quasi am Stück nehmen und mit den Teilzeitwochen verbinden. Das bedeutete, dass ich 2-Wochen-teilzeitfrei-2-Wochen-Urlaub-2-Wochen-teilzeitfrei-1-Woche-Urlaub genoss und so rein rechnerisch auf 7 Wochen Auszeit kam. Da alles sogar recht günstig lag, mit Ostern und Pfingsten, waren es letztlich noch mehr Wochen.

Mir ist bewusst, dass dies eine große Ausnahme ist. Wäre mein Verhältnis zu meinen Chefs nicht so gut gewesen, hätte das bestimmt nie funktioniert. Aber nach all meinen Erfahrungen sind die freiwilligen Teilzeitmitarbeiter oft besonders geschätzte Kollegen: fröhlich, entspannt, inspiriert, reiseerfahren, kommunikativ, sportlich, gesund und rundum happy! Und was denken Sie, wann ein Teilzeitarbeiter die Dinge wie Behördengänge, Arztbesuche und wichtige Termine erledigt, für die man sich sonst in Vollzeit abhetzen muss? Klar, in der Teilzeitwoche. Nur die Vollzeitmitarbeiter müssen alles in die eh schon vollen Terminkalender packen. Das schätzen die Vorgesetzten natürlich.

Wie bei den klassischen Teilzeitformen weiter unten, sind während der Freistellungsblöcke Ihre reduzierten Einkünfte und Sozialversicherungsbeiträge weiterhin gesichert. Das ist für Sie als Arbeitnehmer natürlich sehr wichtig, denn so können Sie unbesorgt die Vorteile Ihrer Teilzeit genießen.

Sparen Sie etwa die reduzierte Zeit auf ein Arbeitszeitkonto für das ganze Jahr an, so können Sie entweder sehr viel länger Urlaub machen oder das berufliche Jahr wie Konrad B. aus Kapitel 3 schon Ende Oktober beenden und in den Süden hüpfen. Und mit Altersteilzeit könnten Sie gar Monate oder Jahre früher in den wohlverdienten

Ruhestand gehen, besonders weil sich das Renteneintrittsalter immer weiter nach hinten schiebt. Ich fürchte, dass es bald zur Regel werden könnte, dass gerade die jüngeren Leser sogar 50 Dienstjahre durchhalten müssen, wenn man mit 20 beginnt und bis 70 arbeiten soll. Ich bin der Meinung, dass man das in Vollzeit kaum gesund überstehen kann beziehungsweise will. Klar, es kommt immer auf die Branche an, aber mit Teilzeit sieht das schon viel entspannter aus.

Ein Jahresarbeitszeitkonto bietet übrigens auch dem Arbeitgeber Vorteile: Der Mitarbeiter arbeitet nämlich erst einmal wie gewohnt in Vollzeit weiter und steht erst planbar später weniger zur Verfügung. Eventuelle Unterauslastungen bei schwankender Auftragslage oder freie Kapazitäten im Produktionsprozess lassen sich auf diese Weise mit Teilzeit abfangen – aber, und das ist wichtig, immer nur in Absprache mit den Teilzeit-Mitarbeitern. Und wenn Mitarbeiter ihre freie Zeit sogar für eine Fortbildung nutzen, kommen sie besser qualifiziert ins Unternehmen zurück, ohne dass Kosten für die Schulungen angefallen sind.

In dem Massagestudio, das ich regelmäßig besuche, arbeitet die thailändische Masseuse Dao E. immer von Herbst bis Frühling. Im Sommer aber, wenn die Deutschen ohnehin im Urlaub sind, arbeitet sie nicht und verbringt ein Vierteljahr in ihrer thailändischen Heimat bei ihrer Familie. Jedes Jahr qualifiziert sich Dao dort auf ihre Kosten mit neuen Akupressurtechniken, ayurvedischen Heilmassagen oder mit Akupunkturkenntnissen weiter. Gut für sie: Diese Fortbildungen sind in Thailand weitaus günstiger als hierzulande.

3. Messebauer-, Montage- und Turnusteilzeit

Eine weitere Option von Teilzeit-Invest ist die »Messebauerteilzeit«, wie ich sie gerne nenne, mit 50 Prozent an 10 Tagen: Sie arbeiten 10 Tage komplett am Stück inklusive Wochenende und haben dann 20 Tage frei. Ferdinand O. aus Hamburg beispielsweise hat eine seit über 20 Jahren gut laufende Licht-und-Ton-Firma. Seine Mitarbeiter arbeiten während einer der vielen Messen in Europa für ihn 10 Tage am Stück und haben dann den Rest des Monats frei beziehungsweise die anschließenden 20 Tage.

Dieses Modell könnte auch gut und gerne »Montageteilzeit« heißen. Ähnlich wie bei einem Monteur, der zum Beispiel Windkraftträder in einer Flaute am Stück aufbauen muss und anschließend die Überstunden abfeiern kann, sobald sich der Propeller dreht. Oder denken Sie an Mitarbeiter auf Ölplattformen, die in Schichten so lange arbeiten, bis das sprudelnde Öl in die richtigen Rohre strömt. Auch bei vielen terminbezogenen Projekten mit einem fest definierten Fertigstellungsdatum ist diese »Messebauerteilzeit« in Teilzeitblöcken gut anwendbar.

Die Turnusteilzeit ist damit vergleichbar und gehört ebenfalls zu den Teilzeit-Invest-Modellen. Sie bezeichnet die Aufteilung der Arbeitszeiten in einem vereinbarten Rhythmus. Hier könnte man beispielsweise über einen Dienstplan einen festgelegten Turnus vorschlagen wie 1 Woche arbeiten und 1 Woche frei oder 1 Woche Montag bis Mittwoch arbeiten und 1 Woche Mittwoch bis Freitag. Das funktioniert natürlich nur, wenn sich die Arbeit selbst so teilen und organisieren lässt. Ich hatte das ja eine Weile so, als ich bei meinem Fernsehsender in der Nachrichtenabteilung war. Das kann man mal machen, aber dauerhaft sollte man auf einen gesunden Schlaf-wach-Rhythmus achten. Der Mensch ist halt doch ein Gewohnheitstier, und diese ständigen Schichtwechsel – mit vielleicht wechselnden Dienstzeiten – können ziemlich an die Substanz gehen.

4. Saisonteilzeit

Gerade im Tourismusgewerbe, der Gastronomie oder im Event- und Messebetrieb kommt die saisonale Teilzeit häufig zur Anwendung. In Hochphasen wird in Vollzeit gearbeitet, in der Nebensaison dann in Teilzeit oder gar nicht. Die Saisonteilzeit hat Ähnlichkeiten mit der Teilzeit-Invest, hat sich aber inzwischen als eigene Form etabliert. Die Übergänge zwischen den einzelnen Modellen sind und bleiben fließend.

Für Sie als Arbeitnehmer hat die Saisonteilzeit den Vorteil, dass Sie das ganze Jahr sozialversicherungspflichtig versorgt sind und nicht entlassen werden. Das gilt insbesondere für Festangestellte oder unbefristete Mitarbeiter, also die, die das ganze Jahr vertraglich gebunden sind. Freie Mitarbeiter, die speziell eingestellt wurden, um Spitzen abzufangen, sind hiervon nicht berührt. Die Arbeitgeber müssen nicht ständig neue Mitarbeiter rekrutieren und einarbeiten und gleichen somit entspannt die saisonalen Schwankungen in einigen Branchen aus.

Ein typisches Beispiel hierfür ist der Betriebsleiter eines Strandrestaurants auf Sylt. Rolf F., 38 Jahre, hat eine Festanstellung und arbeitet in den Sommermonaten von morgens bis abends für das während der Urlaubssaison gut besuchte Lokal. In den Wintermonaten kümmert er sich um die verwaltungstechnischen Dinge wie Steuern, Verträge, Versicherungen, Personalplanung oder um die Verschönerung und Sanierung der Räumlichkeiten. Außerdem plant und organisiert er einzelne Veranstaltungen wie die Silvesterparty und andere. Seine Überstunden, die er in den Sommermonaten immer ansammelt, feiert er in den ruhigeren Monaten ab, kommt auch mal tage- und wochenweise überhaupt nicht in das Restaurant.

5. Schichtarbeiterteilzeit

In Schichtarbeitssystemen kann ebenfalls in Teilzeit gearbeitet werden. Oft ist es produktionstechnisch bedingt, dass in Schichten gearbeitet werden muss. Somit erfolgt die Teilzeit aus Arbeitnehmersicht eher unfreiwillig, ist aber aus Arbeitgebersicht zwingend erforderlich. In der Automobilproduktion beispielsweise läuft das Fließband ständig – völlig unabhängig davon, ob Vollzeit- oder Teilzeitarbeiter am Werk sind. Und da sich die Dauer der Schichten aus produktionstechnischen Gründen oft nicht verringern lässt, müssen Varianten ausgelotet werden, um ganze Schichten zu kürzen. Dies kann über ein Arbeitszeitkonto oder über den Dienstplan erreicht werden. Hier erfordert die Gestaltung der Einsatzpläne der Mitarbeiter einiges an Kreativität und Flexibilität. Viele große Firmen handhaben es deshalb so, dass sie die Teilzeitbeschäftigten einfach insgesamt für weniger Schichten einteilen als die Vollzeitkräfte. Alternativ besteht die Möglichkeit, eine zusätzliche Mittelschicht einzuführen, deren Arbeitszeit kürzer ist als die der übrigen Schichten.[52]

In meiner Firma, ein Fernsehsender, der bekanntlich 24 Stunden am Tag ausstrahlt, ist es in manchen Bereichen so, dass die Schichtsysteme über die vielen unterschiedlichen Gewerke und Redaktionen über Jahre hinweg genau justiert wurden, um einen einwandfreien Sendebetrieb zu gewährleisten. Viele Mitarbeiter bedienen diese Schichten, aber eben in Teilzeit – sie haben dann einfach weniger Schichten als ihre Vollzeitkollegen. Ob es sich hier nun um ein klassisches Teilzeitmodell oder um ein Klassik-Vario-Modell handelt, wird in der Praxis unterschiedlich gehandhabt, und die Trennschärfe ist hierbei nicht ganz gewährleistet.

6. Teamteilzeit

Die Teamteilzeit ist in Arztpraxen, Anwaltskanzleien, Steuerbüros oder Einzelhandelsunternehmen gang und gäbe. Sie agieren fast alle sowohl mit Vollzeit- wie mit Teilzeitarbeitskräften, manchmal auch ausschließlich mit geringfügig Beschäftigten. Teamteilzeit ist hier ein etablierter Weg, um bei festgelegten Öffnungszeiten mit einem Team aus Teilzeitarbeitern den Laden am Laufen zu halten und in unterschiedlichen Belastungsphasen Spitzen abzufangen und optimal auszulasten.

So gibt beispielsweise der Arzt als Arbeitgeber das Ziel und die Rahmenbedingungen vor, etwa die Öffnungszeiten der Praxis. Das Team koordiniert die nötigen Arbeitszeiten und Einsätze eigenständig. Ein guter Teamgeist und eine große Entscheidungsfreiheit sind dabei die Grundvoraussetzung. Auch die Kommunikation unter den Teilzeitmitarbeitern muss reibungslos funktionieren.

Die Teamteilzeit besticht durch kurzfristige Planbarkeit der Mitglieder und variable Verteilung der Tätigkeiten und Dienstzeiten. Die »Das-war-ich-nicht-Falle« ist allerdings ein Nachteil dieses Teilzeitmodells, da das Personal oft nicht die kompletten Vorgänge überwachen kann und beim Teamwechsel Informationen nicht richtig oder nur teilweise weitergegeben werden.[53]

7. Jobsharing und Jobtandem

Bei diesem Modell teilen sich meist zwei Arbeitnehmer eigenverantwortlich eine Stelle. Der Vorteil für Arbeitnehmer wie Arbeitgeber ist, dass auch umfangreiche Vollzeitprojekte dauerhaft geschultert werden können, verteilt auf mindestens vier Schultern statt auf zwei. Voraussetzung dafür ist wie bei der Teamteilzeit, dass Informationsaustausch und Absprachen reibungslos funktionieren. Arbeitgeber können die Kompetenzen gerade ihrer Fach- und Führungskräfte in Teilzeit nutzen und Vollzeitprojekte weiterhin an Mitarbeiter delegieren, die trotz verringerter Arbeitszeit eine verantwortungsvolle Tätigkeit ausüben möchten.

Trotzdem ist das Jobsharing hierzulande wenig verbreitet. Eine Umfrage aus dem Jahr 2012 besagt, dass circa 11 Prozent der deutschen Unternehmen Jobsharing nutzen – ein deutlicher Rückgang zu der vorausgegangenen Umfrage 2009, in der noch gut 20 Prozent der Firmen angaben, ein solches Modell zu nutzen.[54] Im Gegensatz hierzu unterstützt die Schweizer Regierung Jobsharing aktiv, beispielsweise durch eine landesweite Aufklärungskampagne. Und auch Österreich bot 2014 schon mehr Optionen zum Jobsharing, als es in Deutschland möglich war.[55]

Der Vorteil des Jobsharings liegt sowohl für Arbeitnehmer als auch Arbeitgeber in der Flexibilität. Die beiden Angestellten, die gemeinsam eine Stelle innehaben, arbeiten als ein Team eng zusammen und teilen sich die anfallenden Aufgaben und die Arbeitszeit eigenverantwortlich untereinander auf. Dies ermöglicht das Anpassen der Arbeit an die persönlichen Lebensumstände, in Absprache kann jeweils mehr oder weniger Zeit in den Job investiert werden. Unternehmen können mithilfe dieses Modells auch solche Positionen flexibler gestalten, bei denen dies sonst nur schwer möglich wäre, zum Beispiel für Führungskräfte.[56] Insgesamt ist Jobsharing eine interessante Variante für alle, die besonderen Wert auf Flexibilität bei der Gestaltung ihrer Arbeitszeiten legen.

Bei einer der größten Softwarefirmen der Welt gibt es ein schönes Beispiel für Führungsjobs in Teilzeit. Gabi G. ist Managerin bei SAP. Sie arbeitet 75 Prozent und hat drei Kinder. Das Modell nennt sich »Management in Teilzeit« und war für Gabriele der ausschlaggebende Punkt, in dem Unternehmen eine Führungsposition auszuüben. Ihr Mann hilft derweil zu Hause mit, damit alles reibungslos funktioniert. Und SAP schafft damit die Rahmenbedingungen für Chefs in Teilzeit.[57]

Eine Variation des Jobsharings ist das sogenannte Jobtandem. Dabei bewerben sich beispielsweise zwei Personen auf eine Vollzeitstelle. Hintergrund dieser Idee ist, dass viele typische Teilzeitjobs, die von den Firmen ausgeschrieben werden, unattraktiv sind. Die Jobtandem-Bewerber wollen »Wunsch-Vollzeitjobs« in Teilzeit. Aber solche Stellen werden meist nur als 100-Prozent-Jobs angeboten. Das Leben sucht sich eben seinen Weg, irgendwann reagieren die Firmen schon noch mehr darauf, was die »High Potentials« sich wünschen.

Laut den Gründerinnen einer Agentur, die sich darauf spezialisiert hat, Tandemjobs zu vermitteln, kommt die Zielgruppe »aus den Bereichen Projektmanagement, Vertrieb und IT. Es sind Leute, die wissen, dass sie gefragt sind und dass sie in Bereichen arbeiten, in denen die Firmen Schwierigkeiten haben, Fachkräfte zu finden. Wir haben viele sehr hoch qualifizierte Leute – und nicht nur junge, sondern auch erfahrene Leute zwischen 40 und 50«, so Jana Tebe von Tandemploy in einem Interview.[58]

Übrigens: Wenn einer der Jobtandem-Partner kündigt, muss der andere nichts befürchten. Denn der Arbeitgeber muss den frei gewordenen Jobtandem-Platz neu besetzen.

Der Wunsch, einen attraktiven Teilzeitjob zu bekommen, zum Beispiel über eine Tandemjob-Bewerbung, oder einen vorhandenen spannenden 100-Prozent-Job aufzuteilen, ist leicht nachzuvollziehen. Letztlich wollen wir Teilzeitarbeiter – natürlich spreche ich auch von mir – einfach nur insgesamt weniger arbeiten, aber dennoch einen anspruchsvollen und guten Job machen (dürfen). Die Zeichen dafür stehen gut, gerade durch solche Ideen wie zwei Bewerbungen auf eine »Wunsch-Vollzeitstelle«.[59]

8. Teilzeitnomade, Homeoffice, Telearbeit und Vertrauensarbeitszeit

Mit Teilzeitnomade reiße ich den Begriff der »Digitalnomaden« an. Das ist die Umschreibung für Arbeitnehmer, die ortsunabhängig oder »multilokal« arbeiten und dabei fast ausschließlich digitale Hilfsmittel wie Laptop, Tablet, Smartphone und ähnliche Gerätschaften nutzen.

Voraussetzung ist, dass Sie zumindest Teilzeit im Homeoffice arbeiten könnten – per Telearbeit, wie es früher einmal genannt wurde. Dabei arbeiten Sie in hoher Eigenverantwortung ganz oder teilweise von Ihrem Zuhause oder manchmal auch aus der Ferne vom »Außenbüro« in Ihrem Schrebergarten, im Ferienhaus oder auf einer Südseeinsel. Technisch ist das aufgrund sicherer und schneller Internetverbindungen heute kein Problem.

Wenn Sie im Homeoffice arbeiten, hat das für Sie noch andere Vorteile: Sie können etwa die Betreuung von erkrankten Kindern oder die Pflege von Angehörigen viel leichter sicherstellen oder die Aufsicht bei einem Hausbau gewährleisten. Außerdem entfällt die lästige Fahrt zur Arbeit, was ja bekanntlich die Nerven, den Geldbeutel und auch die Umwelt schont. Arbeitgeber sparen sich hingegen Betriebskosten, da sie weniger voll ausgestattete Arbeitsplätze vorhalten müssen. Feste Erreichbarkeitszeiten und regelmäßige Präsenztage im Unternehmen sind dabei natürlich für alle Beteiligten sinnvoll. Denn durch diese Präsenztage wird die Bindung zu Chefs, Kollegen, Firma und Aufgaben verbessert. Schließlich geht doch nichts über frischen Flurfunk bei einem heißen Kaffee!

Damit Sie als Softwareentwickler, Datenanalyst oder Texter beispielsweise von dem thailändischen Chiang Mai aus arbeiten können – dem angeblichen Mekka der Digitalnomaden –,[60] brauchen Sie nicht nur die entsprechenden Qualifikationen, natürlich muss vor allem auch Ihr Arbeitgeber mitspielen. Ein schönes Beispiel hierfür ist Conni Biesalski, eine bekannte Deutsche Bloggerin und Buchautorin aus Donauwörth, die sich selbst als »digitale Zen-Nomadin« bezeichnet.[61]

Ich erwähne Teilzeit in Telearbeit, Homeoffice oder mobiles Arbeiten hier, weil es eine ideale Lösung für alle ist, die sich von ihrem gewöhnlichen Arbeitsort entfernen und an einem anderen, vielleicht viel schöneren und vielleicht auch sonnigeren Plätzchen als bisher arbeiten wollen – wie ich es getan habe auf all meinen Reisen. Laptop, Handy, Internet, Kaffee und los geht's. Homeoffice in Teilzeit bedeutete für mich nichts anderes als: raus aus dem klimatisierten Büromief, mit dem Laptop an die schönsten Strände der Welt und unter Palmen mit Blick aufs Meer arbeiten.

Vertrauensarbeitszeit ist vor allem bei Teilzeit in Telearbeit, Homeoffice und den oben erwähnten Teilzeitnomaden interessant, kann aber auch innerhalb der Firma genutzt werden. Dabei wird keine bestimmte Arbeitszeit festgelegt und der Arbeitgeber verzichtet auf Erfassung und Kontrolle der Arbeitszeiten. Er vertraut darauf, dass seine Mitarbeiter ihre Aufgaben pflichtgemäß erledigen – den Zeitrahmen, in dem dies geschieht, bestimmen die Beschäftigten eigenständig.[62]

Mitarbeiter im Außendienst haben oft solch eine Vereinbarung zur Vertrauensarbeitszeit, aber auch in Entwicklungsabteilungen oder in kreativen Bereichen ist sie durchaus üblich.

Der klare Vorteil des Modells ist, dass Mitarbeiter selbst entscheiden, wann und wie viel sie arbeiten – und dass sie somit auch problemlos Teilzeit machen können. Das gesamte Modell beruht auf gegenseitigem Vertrauen zwischen Arbeitgeber und Arbeitnehmer. Idealerweise lassen sich eventuelle Nachteile im gemeinsamen Gespräch ausräumen. Aber Achtung: Wenn zu viel Arbeit zu bewältigen ist und kein Ausgleich durch Freizeit mehr erfolgt, droht der Teilzeit-Trojaner!

Der Außendienstmitarbeiter René L., 55 Jahre, ist für ein großes Unternehmen tätig, das deutschlandweit Steuerungssoftware und Halbleitertechnik für betriebliche Automationen herstellt und vermarktet. René ist für Süddeutschland zuständig und arbeitet quasi in der Königsdisziplin der Vertrauensarbeitszeit, dem Außendienst. Er organisiert sich komplett selbst, macht seine Termine mit den Kunden und fährt dann zu ihnen und führt die Beratungs- und Verkaufsgespräche. Die Arbeitszeiten werden nicht notiert, mit dem Arbeitgeber ist aber ein Umsatzziel vereinbart. Außerdem bekommt René neben seinem Fixgehalt eine Provision, die sich an seinem Umsatz orientiert.

Auch in einem modernen Architekturbüro in Nürnberg wurde das Modell der Vertrauensarbeitszeit mit Kernzeiten eingeführt. Gerade die Erstellung von Architekturzeichnungen und auch -modellen erfordert ein kreatives Umfeld, bei dem man nicht um 17 Uhr den Stift fallen lassen möchte, wenn man mal im Flow ist. In den Kernzeitblöcken sind aber alle Architekten und Bauzeichner im Office und können so wichtige Termine, Absprachen, Meetings und Konferenzen abhalten. Die Kernzeiten dienen aber auch der Pflege der Teamkultur und werden quartalsweise festgelegt, um den Anforderungen der Auftragslage gerecht zu werden.

9. Sabbatical und Sabbatical light

Das Sabbatjahr beziehungsweise Sabbatical ist vielleicht so etwas wie die Krone aller Teilzeitmodelle. Das Wort »Sabbatical« stammt vom hebräischen »Sabbat« und bedeutet in etwa »ruhen« oder »loslassen«. Wollen Sie zum Beispiel mal ein Jahr lang aussteigen? Dann sammeln Sie zwei Jahre die Hälfte Ihres Gehalts an, um anschließend ein Jahr Auszeit, das Sabbatical, zu nehmen. Ideen dazu, wie Sie das finanziell stemmen, lesen Sie ausführlich in Kapitel 5.

Die Hälfte der Deutschen würde laut einer Studie des Wissenschaftszentrums Berlin für Sozialforschung gerne ein Sabbatical machen und sich damit eine längere Auszeit vom Beruf gönnen.[63] Allerdings haben nur 10 Prozent bisher eine solche Auszeit genommen.[64] Gescheitert ist das Sabbatjahr bei der überwiegenden Zahl der Fälle einfach daran, dass der Wunsch danach schlicht und ergreifend nicht geäußert wurde. Also reden Sie mit Ihren Vorgesetzten oder Ihrer Personalabteilung darüber!

Einen gesetzlichen Anspruch auf ein Sabbatjahr gibt es allerdings weder in Deutschland noch in Österreich oder der Schweiz. Jedes Unternehmen kann also selbst darüber entscheiden, ob es Sabbaticals ermöglicht oder nicht. Ein Sabbatjahr lässt sich auf verschiedene Arten vereinbaren. Zum einen besteht die Möglichkeit, einen befristeten Teilzeitvertrag aufzusetzen, zum Beispiel für zwei Jahre. Sie arbeiten hierbei zunächst wie gewohnt weiter und sammeln Überstunden auf Ihrem Arbeitszeitkonto an, die Sie im folgenden Jahr für eine 1-jährige Auszeit verwenden können. Alternativ können Sie auch für einige Jahre vor der geplanten Auszeit auf einen Teil des Gehalts verzichten, um auf diesen während des Sabbatjahrs zurückzugreifen. In beiden Fällen bleibt das sozialversicherungspflichtige Arbeitsverhältnis während der Auszeit bestehen, was sicher wünschenswert ist.

Übrigens: Sie müssen während der Ansparphase nicht zwingend Vollzeit arbeiten, um in den Genuss eines Sabbatprogramms zu kommen. Auch für Teilzeitkräfte sind die Varianten des Sabbatjahres gut möglich. Wichtig ist eben nur, dass Ihr Arbeitgeber mitspielt.

Die verbeamtete Lehrerin Michaela W. aus Düsseldorf hat beispielsweise 2 Jahre lang jeden Monat auf die Hälfte Ihres Gehalts verzichtet, um danach 1 Jahr lang, ohne währenddessen arbeiten zu müssen, durch Kanada zu reisen. Sie hat es nie bereut – außer, dass auch ein Jahr viel zu schnell vorübergeht, weil es so viele schöne neue Dinge zu entdecken gab.

Es existieren natürlich noch weitere Sabbatical-Varianten, zum Beispiel 3 Jahre für zwei Drittel des Gehalts zu arbeiten, um im Anschluss 1 Jahr Auszeit mit dem angesparten Gehalt zu nehmen. Oder 4 Jahre mit einem Dreiviertel des Gehalts und so weiter.

So hat Schulleiter Sascha P., 46 Jahre, neue Ideen und frischen Wind nach einem einjährigen Sabbatical an seine Schule gebracht. 6 Jahre lang hatte er auf ein Siebtel seines Gehalts verzichtet, um die Welt bereisen zu können. Nach seiner Rückkehr setzte er Ideen um, die er während seiner Reise entwickelt hatte. So gibt es ein neues Fach namens »Lebensart«, in dem seine Schüler die Kunst des Lebens lernen können.[65]

Natürlich können auch andere Berufsgruppen ein Sabbatjahr einlegen, um zum Beispiel einer Krankheit wie Burn-out vorzubeugen. Wie wäre es beispielsweise mit einer Auszeit, um sich in einem Kloster zu besinnen oder mit Yoga und Meditation zu entschleunigen? Bekannt ist das inzwischen auch über das Stichwort »Retreatment«. »Retreat« bedeutet so viel wie »sich zurückziehen«, hier im Sinne von Rückzug aus dem normalen Alltag. Wer in ein Kloster geht, nimmt sich, neben vielleicht religiösen Motiven, vor allem Zeit, sich selbst zu erforschen, abzuschalten, sich zu isolieren und mit Abstand über die Probleme des Alltags nachzudenken.

Für eine solche Auszeit gibt es viele unterschiedliche Angebote, die Sie im Internet leicht finden können. Mir gefällt beispielsweise das Angebot von www.sabbatjahr.org ziemlich gut. Es gibt des Weiteren Firmen, die quasi Vorreiter für Sabbatical-Modelle sind, etwa BMW,[66]

Siemens, VW, Eon, Unilever, Otto Versand oder die Deutsche Bank. Mehr Informationen zu den Rahmenbedingungen für ein Sabbatjahr finden Sie auch unter www.sabbatjahr.org/sabbatjahr-fuer-wen.php sowie www.sabbatical-experten.de/sabbatical-rechtliches/recht.

Zu erwähnen ist unbedingt noch das »Sabbatical light«. Dieses entspricht einer Verringerung der Jahresarbeitszeit, die dann in einem längeren Block der Freistellung abgefeiert wird, beispielsweise zu 3 oder 4 Monaten. Die Unternehmensberatung McKinsey etwa hat seit Jahren ein Sabbatprogramm für seine Berater im Angebot. Damit will McKinsey neue Mitarbeiter am Markt leichter rekrutieren und das bestehende Expertenteam langfristig an sich binden. »Take Time« nennt sich dieses Programm. Dabei haben die McKinsey-Mitarbeiter die Möglichkeit, pro Jahr Auszeiten von bis zu 3 Monaten zu nehmen. Das Gehalt wird anteilig weitergezahlt und auch das Sozialversicherungsverhältnis bleibt unberührt.[67]

10. Bildungsteilzeit

Die Ausbildung in Teilzeit gehört zu den Modellen für besondere Lebenslagen. Es ist nämlich durchaus möglich, eine Ausbildung in Teilzeit zu machen – nämlich dann, wenn Auszubildende ein berechtigtes Interesse an einer Verkürzung der wöchentlichen oder täglichen Ausbildungszeit nachweisen können.[68] Gründe für eine Ausbildung in Teilzeit können eigene Kinder sein, aber auch für Menschen mit Behinderung kommt dieses Konzept infrage. Allerdings muss zu erwarten sein, dass Sie Ihr Ausbildungsziel auch mit Teilzeitarbeit erreichen.

Die Ausbildung in Teilzeit können Sie entweder mit oder ohne eine Verlängerung der Ausbildungsdauer absolvieren. Im ersten Fall verlängert sich die Ausbildung um ein halbes oder ganzes Jahr, und die wöchentlichen Ausbildungszeiten, also der Unterricht an der Berufsschule plus die Arbeitszeit im Betrieb, müssen mindestens 20 Stunden in der Woche umfassen. Im zweiten Fall verlängert sich die Ausbildung insgesamt nicht, was bedeutet: Eine Ausbildung, die in Vollzeit 3 Jahre dauert, tut dies auch in Teilzeit. Die wöchentlichen Ausbildungszeiten dürfen hierbei 25 Stunden nicht unterschreiten.[69] Die Ausbildung in Teilzeit muss mit dem ausbildenden Unternehmen vereinbart und gemeinsam beantragt werden.[70]

Vollzeitmama, Teilzeitausbildung: Nadja H., 25, eine alleinerziehende Mutter mit zwei Kindern, absolvierte eine Ausbildung zur Bäckereiverkäuferin in Stuttgart. In ihrem Teilzeit-Ausbildungsmodell arbeitete Nadja 32 Stunden pro Woche statt der üblichen 40, und das über 3 Jahre hinweg. Ihre Kids waren tagsüber in der Kita, und so hatte Nadja genug Zeit für ihre Ausbildung.

Die bittere Realität in Deutschland für alleinerziehende Mütter lautet häufig Arbeitslosigkeit, gerade ohne Ausbildung. Die Diakonie bietet deshalb spezielle Programme an, um Alleinerziehenden eine Ausbildung in Teilzeit zu ermöglichen.[71] Ein echter Renner ist diese Möglichkeit allerdings nicht: 2016 wurden lediglich 0,4 Prozent aller Ausbildungsverträge in Teilzeit abgeschlossen.[72] Eine Ausbildung in Teilzeit ist also noch sehr selten – doch das könnte sich in Zukunft ändern, da das Modell die Vereinbarkeit von Ausbildung und Familie unterstützt.

Auch ein Studium lässt sich übrigens in Teilzeit schaffen. Es gibt mittlerweile eine Vielzahl an Studiengängen, die so absolviert werden können. Dies ist insbesondere interessant für alle, die sich neben ihrer Arbeit weiterbilden möchten oder sich beruflich neu orientieren. Einen Überblick bietet beispielsweise der Hochschulkompass, ein Angebot der Hochschulkonferenz. Diese konstatierte bereits vor Jahren, dass das Studieren in Teilzeit eine wesentliche Implikation des lebenslangen Lernens darstellt. Für die Zukunft ist entsprechend mit einer Ausweitung des Modells zu rechnen.

Unter dem Schlagwort »lebenslanges Lernen« nutzt eine gute Freundin aktuell diese Möglichkeit: Sie studiert berufsbegleitend an einer Fernhochschule und hat auf diese Weise ihren Bachelor gemacht, den sie zurzeit um einen Masterabschluss ergänzt. An der Fernhochschule gibt es neben der Option, das Studium um ein paar Semester zu verlängern, das Lernpensum auf einen längeren Zeitraum zu verteilen und so ganz informell in Teilzeit zu studieren, auch die Möglichkeit, einen Antrag auf ein Teilzeitsemester zu stellen. Daraufhin wird das Fachsemester über zwei Zeitsemester gestreckt. Das bedeutet, dass anstelle der üblichen 6 Monate Studenten 12 Monate Zeit haben, die Inhalte des Semesters zu erarbeiten und die zugehörigen Prüfungen abzulegen. Hilfreich ist dies nicht nur für alle, die berufsbegleitend studieren, sondern auch für alle, die Familie und Studium unter einen Hut bringen möchten.

11. Pflegeteilzeit

Neben den eher klassischen kleinen bis großen Teilzeitformen gibt es Modelle, die explizit für bestimmte Lebenslagen konzipiert wurden. Ein viel diskutiertes Modell basiert auf der Möglichkeit, in Teilzeit nach dem Familienpflegezeitgesetz (FPfZG) nahe Angehörige zu pflegen. Demnach können Sie Ihre Wochenarbeitszeit für 24 Monate auf 15 Stunden pro Woche reduzieren. Darauf gibt es nun einen Rechtsanspruch, es sei denn, der Betrieb ist zu klein und beschäftigt in der Regel nicht mehr als 26 Mitarbeiter.[73] Während der Familienpflegezeit besteht übrigens Kündigungsschutz. Außerdem gibt es die Möglichkeit, ein zinsloses Darlehen beim Bundesamt für Familie und zivilgesellschaftliche Aufgaben (BAFzA) zu beantragen, um den Entgeltausfall etwas auszugleichen.[74]

Bundesweit waren im Jahr 2015 etwa 2,86 Millionen Menschen in Deutschland pflegebedürftig. Laut Statistik wurden mehr als drei Viertel von ihnen zu Hause von Pflegediensten oder Verwandten versorgt.[75] Kritiker bemängeln fehlende finanzielle Hilfen, um den Verdienstausfall während der Auszeit auszugleichen, trotz des zinslosen Darlehens. So sagt Eugen Brysch von der Deutschen Stiftung Patientenschutz, angesichts von insgesamt 360.000 pflegenden Berufstätigen sei die Zahl von 68.000 Auszeiten »desaströs«.[76]

In Österreich gibt es als Pedant die Pflegekarenz oder die Pflegeteilzeit. Diese können Sie ebenfalls beantragen, um nahe Angehörige zu pflegen. Gedacht sind Pflegekarenz und -teilzeit insbesondere für Situationen, in denen sich der Pflegebedarf verändert oder die Betreuungsperson ausfällt. Deshalb kann die Pflegekarenz lediglich für eine Dauer von 1 bis 3 Monaten in Anspruch genommen werden. Es besteht jedoch kein rechtlicher Anspruch, sondern die Karenz muss zwischen Arbeitgeber und Mitarbeiter vereinbart werden. Pflegende haben unter bestimmten Voraussetzungen allerdings Anspruch auf das Pflegekarenzgeld. Zu beachten ist dabei, dass grundsätzlich nur einmal für dieselbe Person Pflegekarenz beantragt werden kann. Es besteht jedoch die Möglichkeit, dass mehrere Personen, beispielsweise Geschwister, nacheinander für dieselbe Person Pflegekarenz beantragen. Pflegekarenzgeld wird dann aber höchstens für 12 Monate gezahlt.[77]

In der Schweiz ist man da scheinbar noch nicht so weit. Laut Arbeitsgesetz hat ein Arbeitnehmer dort Anspruch auf höchstens 3 freie Tage, das aber nur, wenn ein Kind erkrankt. Wenn es möglicherweise um längere Abwesenheiten geht, während derer Familienmitglieder gepflegt werden müssten, gibt es aktuell keine Vorschriften für Schweizer Unternehmen. Hier sind Angestellte ganz auf den »Goodwill« ihrer Chefs angewiesen.[78] Manche großen Firmen in der Schweiz haben in den Gesamtarbeitsverträgen inzwischen wenige Pflegetage eingeplant, beispielsweise bei der Post (5 Tage) oder bei der Swisscom (2 Tage). Und manche ausländischen Firmen wie Microsoft und Google gewähren ihren Mitarbeitern in der Schweiz mehrere Wochen bezahlte Pflegezeit.[79]

Ich hatte ja schon eingangs angerissen, dass ich mich vor einigen Jahren um meine Mutter kümmern musste, nachdem ihr Lebenspartner gestorben war. In diesem Fall ging alles sehr plötzlich, sodass ich von heute auf morgen von Mainz nach Augsburg fahren musste. Erst mit einem schnell eingereichten Urlaub, dann über eine Teilzeit, während der ich wochenweise in der Heimat bleiben konnte. 80 Prozent – das hieß für mich: 1 Woche Augsburg und 3 Wochen Mainz. Ich war froh, dass ich einen Arbeitgeber hatte – und immer noch habe –, der mir damals schnell und unkompliziert ermöglichte, meiner Mutter in einer schwierigen Zeit zu helfen und eine Art spontane »Pflegeteilzeit« zu realisieren.

12. Schwerbehindertenteilzeit

Eine weitere Regelung bezüglich der Reduktion von Arbeitszeit wurde für Schwerbehinderte geschaffen, denn sie sind nicht immer in der Lage, jeden Tag Vollzeit zu arbeiten. Arbeitnehmer mit einer Schwerbehinderung haben deshalb einen Anspruch auf Teilzeitbeschäftigung, wenn diese aufgrund der Art oder der Schwere der Behinderung erforderlich ist.[80] Der Arbeitgeber hat für sie sogar die Einrichtung von Teilzeitarbeitsplätzen zu fördern. So sollen sie die Chance bekommen, ohne Gefährdung ihrer Gesundheit am beruflichen Leben aktiv teilzuhaben. Aus diesem Grund ist auch eine nur vorübergehende Reduzierung der Arbeitszeit möglich.

13. Elterngeld, Elterngeld Plus und Elternzeit

Wir streifen das Thema Elterngeld und Elternzeit hier, weil es einen wichtigen Aspekt der Teilzeit betrifft. Grundsätzlich steht das Elterngeld Müttern und Vätern im ersten Jahr nach der Geburt zu, wenn sie ihr Kind zu Hause betreuen. Es ersetzt das Einkommen des Antragstellers zu 65 Prozent, bei niedrigen Einkommen unter 1.000 Euro sogar zu 100 Prozent. Es beträgt mindestens 300 Euro und höchstens 1.800 Euro. Auch Studenten, Arbeitslose und Selbstständige haben Anspruch auf das sogenannte Basis-Elterngeld. Die Dauer beträgt maximal 14 Monate, vorausgesetzt, beide Elternteile machen zumindest 2 Monate Elternzeit.

Die grundlegende Idee der Elternzeit ist, dass sie Ihnen die Möglichkeit geben soll, sich Ihrem Kind zu widmen und gleichzeitig den Kontakt zum Beruf aufrechtzuerhalten. Der wichtige Punkt für dieses Buch ist: Während der Elternzeit dürfen Sie Teilzeit bis zu 30 Wochenstunden arbeiten, müssen es aber nicht – während das Elterngeld entsprechend weitergezahlt wird.

Aus Teilzeitsicht ist das Elterngeld Plus besonders spannend. Dieses ermöglicht es nämlich Müttern und Vätern, doppelt so lange – also 28 Monate – Geld vom Staat zu erhalten. Es gibt sogar 8 Bonusmonate obendrauf, vorausgesetzt, beide Eltern teilen sich die Betreuung und sind zwischen 25 und 30 Wochenstunden in Teilzeit erwerbstätig. So können Sie also den Bezug des Elterngelds bis zu maximal 36 Monate ausweiten. Allerdings halbiert sich auch dessen Höhe auf 150 beziehungsweise 900 Euro.[81]

Hat Ihr Unternehmen mindestens 15 Mitarbeiter und beträgt Ihre Firmenzugehörigkeit mindestens ein halbes Jahr, haben Sie meist einen Rechtsanspruch auf Teilzeit während der Elternzeit. Seltene Ausnahmen für eine Ablehnung Ihres Teilzeitantrags finden Sie in Kapitel 5.[82]

Die Marketingassistentin Anne Z., 29 Jahre, hat beim ersten Kind 12 Monate Basis-Elterngeld beansprucht und ihr Mann 2 Monate. Somit konnten die beiden insgesamt 14 Monate Elterngeld in Anspruch nehmen. Beim Nachrechnen mittels des Elterngeld-Rechners des Bundesfamilienministeriums[83] war es für Anne sogar finanziell besser, dass sie von Steuerklasse 4 in die 3 wechselte, um langfristig mehr Elterngeld zu erhalten. Weil das Geld knapp wurde, entschied sich Anne später, doch noch 16 Stunden Teilzeit in ihrem Beruf während der Elternzeit zu arbeiten, um die Haushaltskasse etwas aufzubessern. Ursprünglich wollte Anne nicht nebenher arbeiten und voll und ganz für ihr Kind da sein.

14. Altersteilzeit

Basierend auf den Regelungen zur Altersteilzeit können viele lang gediente Mitarbeiter oft schon Monate oder gar Jahre früher in den wohlverdienten vorgezogenen Ruhestand gehen, um den Lebensabend noch fit und gesund zu erleben. Das erklärte Ziel der Altersteilzeit ist es, älteren Arbeitnehmern die Möglichkeit eines gleitenden Übergangs vom Berufsleben in die Rente zu bieten. Voraussetzung dafür ist lediglich, dass Sie das 55. Lebensjahr vollendet haben und 5 Jahre vor Beginn der geplanten Altersteilzeit 3 Jahre lang versicherungspflichtig beschäftigt waren.[84]

Beachten müssen Sie dabei, dass laut Gesetz kein Rechtsanspruch auf Altersteilzeit besteht, sondern das Modell nur auf freiwilliger Basis zwischen Ihnen und Ihrem Arbeitgeber vereinbart werden kann. Ein Rechtsanspruch kann jedoch laut Tarifvertrag oder Betriebsvereinbarung bestehen, allerdings ist auch hier der Arbeitgeber nicht verpflichtet, mehr als 5 Prozent seiner Angestellten die Altersteilzeit zu ermöglichen.[85]

Für die Altersteilzeit gibt es grundsätzlich zwei verschiedene Möglichkeiten. Gemeinsam ist diesen lediglich, dass die Arbeitszeit halbiert und über mehrere Jahre verteilt wird.

- *Blockmodell:* Diese Form der Altersteilzeit basiert auf der Unterteilung in eine Arbeitsphase und eine Freistellungsphase. Sie arbeiten erst einmal weiter wie bisher, entsprechend Ihrer bisherigen Arbeitszeit. Im Anschluss folgt die Phase der Freistellung, in der Sie überhaupt nicht mehr arbeiten. Voraussetzung hierfür ist lediglich, dass Ihre Arbeitszeit über einen Zeitraum von bis zu 3 Jahren im Durchschnitt halbiert wird.
- *Gleichverteilungsmodell:* Hierbei erfolgt eine gleichmäßige Reduzierung der Arbeitszeit, indem Sie über den gesamten Zeitraum der Altersteilzeit die Arbeitszeit verringern. Dies kann zum Beispiel in Form einer Halbtagsbeschäftigung erfolgen oder in einem täglichen Wechsel von Arbeit und Freistellung. Auch hierbei darf über

einen Zeitraum von 3 Jahren die Hälfte der bisherigen wöchentlichen Arbeitszeit nicht überschritten werden. In Tarifverträgen oder Betriebsvereinbarungen kann diese Zeit auch auf 6 Jahre erhöht werden.

Da die Arbeitszeit in der Altersteilzeit um die Hälfte sinkt, halbiert sich zunächst auch Ihr Gehalt um die Hälfte. Allerdings ist Ihr Arbeitgeber verpflichtet, Ihr Regelarbeitsgeld, also die Hälfte Ihres bisherigen Gehalts, um mindestens 20 Prozent aufzustocken. Tarifverträge und Betriebsvereinbarungen können eine höhere Aufstockung vorsehen. Diese Aufstockung ist sogar steuerfrei. Die Reduzierung der Arbeitszeit geht natürlich mit weniger Gehalt einher, allerdings kann es sich für Sie dank der steuerfreien Aufstockung durchaus lohnen, dieses Modell in Anspruch zu nehmen.

Die Regelungen zur Altersteilzeit für Beamte finden sich im Bundesbeamtengesetz.[86] Denn auch Beamte haben die Möglichkeit, einen Antrag auf Altersteilzeit zu stellen, allerdings sind hierbei verschiedene Bedingungen zu erfüllen: Eine Voraussetzung unter anderen ist, dass Sie das 60. Lebensjahr vollendet haben. Da die Regelungen für Beamte ziemlich komplex sind, sollten Sie sich auf alle Fälle geeigneten Rat einholen.

In Österreich ist die Altersteilzeit auf 5 Jahre beschränkt. Währenddessen können die Teilzeitarbeiter um 40 bis 60 Prozent verringern. Der Einkommensverlust wird durch einen Lohnausgleich in der Höhe von 50 Prozent abgefedert. Die Arbeitnehmer verlieren dabei weder Pensionsbezüge noch Ansprüche auf Kranken- oder Arbeitslosengeld. Männer können die Altersteilzeit ab 58 Jahren nutzen, Frauen schon etwas früher, frühestens aber 7 Jahre vor dem eigentlichen Renteneintrittsalter. Weitere Details stellt die Arbeiterkammer ausführlich auf ihrer Internetseite www.arbeiterkammer.at zur Verfügung. Außerdem gibt es dort einen Altersteilzeitrechner.[87]

In der Schweiz ist Altersteilzeit noch wenig verbreitet, und auch das schweizerische Arbeitsrecht hat keine Sonderbestimmungen für ältere Arbeitnehmer. Das Thema wird aber angesichts des Fachkräftemangels immer größer und es gibt Überlegungen, Mitarbeiter über 50 durch Altersteilzeit besser zu motivieren.[88]

Aber es gibt auch heute schon positive Beispiele. So existiert bei der AXA-Winterthur-Versicherung in der Schweiz seit 2008 ein Modell mit dem Namen »Senior Flex«, bei dem Mitarbeiter ab dem 58. Lebensjahr in Altersteilzeit gehen können. Das Modell unterstützt Altersteilzeit nicht nur strukturell, sondern auch finanziell. Der Lohn bleibt in der Pensionskasse trotz Reduktion zu 100 Prozent versichert. Da sowohl die Versicherung als auch der Mitarbeiter die Pensionskassenbeiträge weiterhin auf den vollen Lohn einbezahlen, fallen die Renten später nicht geringer aus.[89]

Augusta K. verdient in Vollzeit pro Monat 3.000 Euro – das ist ja auch unsere Rechengrundlage in diesem Buch. Sie bekommt 1.940 Euro netto ausbezahlt. Beansprucht Augusta Altersteilzeit, bleiben ihr bei einer »Aufstockung« auf 70 Prozent 1.344 Euro, bei 89 Prozent Aufstockung 1.708 Euro übrig.[90]

Mit Aufstockung meine ich das Gesetz, nach dem Arbeitnehmer mindestens 70 Prozent ihres ursprünglichen Nettogehalts erhalten müssen. Damit das gelingt, zahlt der Arbeitgeber einen sogenannten Aufstockungsbetrag zusätzlich zum Teilzeitgehalt. Die Bundesagentur für Arbeit erstattet unter bestimmten Voraussetzungen diese Aufstockungsbeträge sogar, wenn beispielsweise ein Auszubildender übernommen wird. Und manche Firmen runden nicht nur auf die 70 Prozent auf, sondern winken mit bis zu 89 Prozent Aufstockung, wenn man beispielsweise Augusta schon früher in die Rente entlassen möchte.[91]

15. Unfreiwillige Teilzeit und Kurzarbeit

Von unfreiwilliger Teilzeit spricht man, wenn Mitarbeiter eigentlich Vollzeit arbeiten möchten, es aber keine passende Stelle gibt. Manche Positionen wurden ursprünglich zum Beispiel im Einzelhandel, Reinigungsgewerbe oder im öffentlichen Dienst nur als Teilzeitjobs ausgeschrieben, um eine möglichst hohe Flexibilität bei gleichzeitig niedrigen Kosten zu erzielen. Arbeitnehmer nehmen dann häufig lieber eine Teilzeitstelle an, um nicht arbeitslos zu sein, haben dann aber den bleibenden Wunsch nach einer Tätigkeit in Vollzeit.[92] Oder Teilzeitmitarbeiter befinden sich in der Teilzeitfalle, haben beispielsweise Kinder, die schon groß sind, und würden gerne wieder mehr arbeiten, doch der Arbeitgeber gewährt ihnen keine volle Stelle mehr.[93]

Anders hingegen ist es bei der Kurzarbeit. Das ist eine Art Teilzeit, die auch als »Arbeitsmarktinstrument« für Krisenzeiten eingesetzt wird. Dabei reduzieren Arbeitgeber aus wirtschaftlichen Gründen die Regelarbeitszeit der Mitarbeiter vorübergehend. Hier gibt es finanzielle Hilfen in Form von Kurzarbeitergeld von der Bundesagentur für Arbeit. Dieses Kurzarbeitergeld wird Arbeitnehmern gezahlt, wenn sie einen unvermeidbaren, aber vorübergehenden Arbeitsausfall erleiden. Dieser muss auf wirtschaftlichen Ursachen oder einem unabwendbaren Ereignis beruhen. Zudem muss zu erwarten sein, dass dadurch die Arbeitsplätze erhalten werden und Arbeitslosigkeit vermieden wird.[94]

Das Kurzarbeitergeld wird zunächst für 12 Monate gezahlt, kann aber auf bis zu 24 Monate verlängert werden. Die Höhe des Kurzarbeitergelds liegt bei 60 Prozent des Nettoentgelts und wird auf 67 Prozent erhöht, wenn man ein Kind hat. Betroffene können sich bei der Arbeitsagentur (www.arbeitsagentur.de) unter dem Suchwort »Kurzarbeitergeld« weitere Details abrufen.[95]

16. Minijob

Die Arbeitsagentur definiert Minijobs so: »Ein Minijob ist ein geringfügiges Beschäftigungsverhältnis, bei dem das Arbeitsentgelt monatlich 450 Euro nicht übersteigen darf.« Diese, wie sie auch geläufiger genannt werden, 450-Euro-Jobs sind also geringfügige Beschäftigungen.

Dabei handelt es sich, so schreibt die Agentur weiter, um »Teilzeitbeschäftigungen, die für Minijobber weitgehend sozialversicherungsfrei sind. Wer einen Minijob ausübt, zahlt keine Beiträge für die Kranken-, Arbeitslosen- oder Pflegeversicherung. Entsprechend besteht kein Anspruch auf deren Leistungen. In der Rentenversicherung hingegen sind Minijobberinnen und Minijobber pflichtversichert. Dafür zahlen sie geringe Beiträge. Es gibt die Möglichkeit, sich von dieser Versicherungspflicht befreien zu lassen.«

Gut zu wissen: Der gesetzliche Mindestlohn gilt auch für Minijobber.[96] Im Hinblick auf die Sozialversicherung sind Minijobs jedoch eine Besonderheit, da für die Beiträge geringfügig Beschäftigter nicht die gleichen Regeln gelten wie für regulär Beschäftigte. Das betrifft sowohl die Kranken- als auch die Pflege-, Renten- und Arbeitslosenversicherung: Der Vorteil für Minijobber ist, dass sie hierfür keine Beiträge abführen müssen, auch keine Einkommenssteuer – der Arbeitgeber zahlt eine Pauschale von 30 Prozent.

Sie können auch mehrere Minijobs zugleich ausüben, dürfen dabei aber insgesamt nicht die 450-Euro-Grenze überschreiten. Übrigens: Als Minijobber haben Sie Anspruch auf Lohnfortzahlung im Krankheitsfall und bekommen bezahlten Urlaub.[97] Aber auch hier liegt der Teufel im Detail, denn es gibt einige Sonderfälle und Ausnahmen – informieren Sie sich also bitte immer vorab. Liegen Sie nämlich über der Obergrenze, werden alle Minijobs versicherungspflichtig.

In Österreich liegt die monatliche Grenze für geringfügig Beschäftigte bei 438,05 Euro im Jahr 2018. Kommt man darüber, muss nachbezahlt werden, schreibt die Arbeiterkammer, und zwar mit 14,62 Prozent. Eine Beispielrechnung findet sich auf deren Internetseite.[98]

In der Schweiz ticken die Uhren anders. Den Begriff »Minijob« gibt es zwar nicht, allerdings spricht man von »geringfügigen Beschäftigungen« mit einem Jahresdeckel von zurzeit 2.300 Franken. Diese Art von Jobs sind frei von Versicherungsbeiträgen, können in Heimarbeit ausgeübt werden und eignen sich deshalb für Mütter, Studenten, Schüler, Arbeitslose und Rentner.[99]

17. Unbezahlter Urlaub

Natürlich können Sie Ihren Wunsch nach einer Reduzierung der Arbeitszeit auch auf die harte Tour durchziehen und unbezahlten Urlaub nehmen, statt Teilzeit zu beantragen. In der Schweiz, Australien, Kanada oder Großbritannien ist das übrigens verbreiteter als in Deutschland. Generell haben Sie als Arbeitnehmer keinen Anspruch auf unbezahlte Urlaubstage, es gibt jedoch Ausnahmen. Das könnte zum Beispiel die Versorgung kranker Kinder, die Erkrankung von Familienangehörigen oder spezielle Sonderregelungen betreffen, die im Arbeitsvertrag, in einer Betriebsvereinbarung oder einem Tarifvertrag festgehalten sein müssen. Ihr Gehalt entfällt während des unbezahlten Urlaubs, das gilt jedoch nicht für die Vorschriften zu Kündigungsschutz, Kündigungen oder Urlaub. Ihr Anspruch auf Urlaubsgeld, betriebliche Altersversorgung oder Weihnachtsgeld kann jedoch anteilig gekürzt werden.[100]

Bei einem unbezahlten Urlaub ruht das Arbeitsverhältnis wie in einem »Winterschlaf«, und Ihnen wird weder Gehalt gezahlt noch Beiträge für die Sozialversicherung abgeführt.[101] Aber wenn Sie den unbezahlten Urlaub erst einmal angetreten haben, bleibt Ihnen der Versicherungsschutz der gesetzlichen Kranken- sowie der Sozialversicherung noch bis zu 4 Wochen erhalten. Spätestens am letzten Tag dieser 4-Wochen-Frist müssen Sie sich endgültig abmelden – damit wird die Mitgliedschaft in der Sozial- und Krankenversicherung beendet. Nehmen Sie Ihre Arbeit wieder auf, muss der Arbeitgeber Sie erneut anmelden.[102] Ganz ähnlich wie in Deutschland verhält es sich übrigens mit der 4-Wochen-Frist in Österreich.

Unbezahlter Urlaub bietet sich an, wenn der reguläre Urlaub aufgebraucht ist und Sie dennoch eine Auszeit benötigen. In diesem Fall erfolgt die Finanzierung meist aus Ihren persönlichen Rücklagen. Dabei müssen Sie bedenken, dass Sie dann auch Ihre Krankenversicherung selbst zahlen müssen. Finanziell ist dieses Modell also nicht attraktiv.

Ich habe während meines Studiums mal knapp 4 Wochen unbezahlten Urlaub genommen, als ich bei dem Radiosender in Bayern jobbte. Es war zu Zeiten der heißen Phase meines Vordiploms: Ich musste sieben Prüfungen bestehen und das Lernpensum war so enorm, dass ich es ohne den unbezahlten Urlaub nicht geschafft hätte. Ich kam gut und gerne auf acht Stunden Lernen am Tag und konnte einfach nicht noch gleichzeitig jeden Nachmittag eine dreistündige Hörfunksendung moderieren.

18. Teilzeit auf Probe und Schnupperteilzeit

Eine weitere besondere Teilzeitform möchte ich Ihnen nicht vorenthalten: die Teilzeit auf Probe – ein Modell, das von der Victoria-Versicherung getestet wurde. Das Unternehmen hat 2004 ein Konzept erarbeitet, mit dem es seinen Mitarbeitern eine Teilzeitbeschäftigung auf Probe anbieten kann. Die Dauer der Teilzeit ist dabei auf höchstens 4 Jahre begrenzt.

Die Vorteile im Vergleich zu einem regulären Antrag nach dem Teilzeitbefristungsgesetz bestehen darin, dass eine Rückkehr zur Vollzeit garantiert ist und dass aufgrund dessen für die Mitarbeiter nur geringe finanzielle Einbußen zu erwarten sind. Ein weiterer klarer Vorteil ist, dass den Mitarbeitern die Möglichkeit geboten wird, Teilzeit unkompliziert auszuprobieren und die Auswirkungen auf das eigene Leben zu testen – vor einer endgültigen Entscheidung.[103]

Auch die Mitarbeiter bewerten das Modell positiv: »Ich habe mich für die Teilzeit auf Probe entschieden, damit ich meinem Sohn, der sich in einer wichtigen Phase der Schulausbildung befindet, besser mit Rat und Tat zur Seite stehen kann.« Oder: »Nun muss ich mir um die Betreuung meiner 7-jährigen Tochter während der Schulferien keine Gedanken mehr machen, da ich genug freie Tage zur Verfügung habe.«

Die Teilzeit auf Probe ist übrigens nur eines von fünf Modellen, das die Victoria im Rahmen flexibler Beschäftigungs- und Arbeitszeiten einsetzt. Das am häufigsten genutzte Modell ist dort die Umwandlung von Sonderzahlungen in Freizeit. Die Wahl der Mitarbeiter zeigt dabei: Freie Zeit gewinnt an Bedeutung im Vergleich zur Höhe des Gehalts.[104]

19. Brückenteilzeit

Die Brückenteilzeit ist eine befristete Teilzeit für mindestens 1 Jahr und maximal 5 Jahre, die unter bestimmten Voraussetzungen in Anspruch genommen werden kann, um anschließend wieder Vollzeit arbeiten zu dürfen. Gültig ist diese neue Form der Teilzeit ab 2019 – allerdings mit der Einschränkung, dass sich das Rückkehrrecht nur auf neue Teilzeitanträge bezieht und nicht auf bereits existierende Teilzeitarbeiter. Das Gesetz besagt, dass Mitarbeiter nur in Betrieben mit mindestens 45 Beschäftigten einen Anspruch auf diese Brückenteilzeit haben; in Betrieben mit 46 bis 200 Mitarbeitern hat nur einer von jeweils 15 Beschäftigten Anspruch darauf. In einem Unternehmen mit 60 Mitarbeitern könnte der Chef also neue Anträge ablehnen, wenn schon mindestens vier Mitarbeiter in Brückenteilzeit sind.[105]

Die Brückenteilzeit soll ein »weiteres Stück auf dem Weg zu einer selbstbestimmten und an den Bedürfnissen unterschiedlicher Lebensphasen orientierten Arbeitszeit« sein. Sie soll außerdem »ein aktiver Beitrag zur Gleichstellung von Frauen« sein und soll »Altersarmut vermeiden« und dazu beitragen, »dringend gebrauchte Fachkräfte zu sichern«. So beschreibt das Bundesministerium für Arbeit und Soziales die Brückenteilzeit auf seiner Webseite.[106]

Die Qual der Wahl

Nun haben Sie alle Teilzeitformen ausführlich kennengelernt. Doch welches Modell passt zu Ihnen? Als Entscheidungshilfe stelle ich Ihnen ein paar Fragen:

- *Wollen Sie reduzierte Stunden zu Blöcken bündeln und damit am Stück weg sein?* Invest-Teilzeit: Lieblingsmodell, 2-Wochen-Arbeit-2-Wochen-Freizeit, 1-Woche-Arbeit-3-Wochen-Freizeit, Mini-Max-Teilzeit, Sabbatical, 4-Monate-Freizeit, Altersteilzeit, Pendlerteilzeit
- *Wollen Sie weiter jeden Tag arbeiten, aber weniger Stunden?* Klassische Teilzeit, 4-Stunden-Tag (halbtags), 6-Stunden-Tag, x-Stunden-Tag
- *Wollen Sie Freitag freihaben oder nur noch an bestimmten Tagen in der Woche arbeiten?* Klassik-Vario, Di-Mi-Do, 4-Tage-Woche, 2-Tage-8-Stunden-3-Tage-6-Stunden
- *Wollen Sie einige Monate am Stück aus dem Job raus oder früher in Rente gehen?* Sabbatical light, Sabbatical, Altersteilzeit, unbezahlter Urlaub
- *Sind Sie Messebauer, Handwerker auf Montage, Arbeiter auf einer Ölplattform, in der Gastronomie oder im Tourismus oder in einem anderen Job tätig, bei dem man Wochen oder Monate am Stück sehr viel arbeitet und dann freihat?* Saisonteilzeit, Messebauerteilzeit, Montageteilzeit, Teilzeit in Schichtarbeit
- *Möchten Sie sich während des Jobs weiterbilden?* Bildungsteilzeit mit Ausbildung, Studium oder Berufsakademie in Teilzeit
- *Wollen Sie Teilzeit nur mal ausprobieren?* Teilzeit auf Probe, Schnupperteilzeit, Brückenteilzeit
- *Möchten Sie unabhängig vom Dienstort Teilzeit arbeiten?* Homeoffice, Vertrauensarbeitszeit, Telearbeit, Teilzeitnomade
- *Werden Sie vom Arbeitgeber zur Teilzeit gezwungen?* Unfreiwillige Teilzeit, Kurzarbeit, eventuell Minijob
- *Wollen Sie die Öffnungszeiten Ihrer Firma selbst im Team organisieren?* Teamteilzeit
- *Wollen Sie Ihre Vollzeitstelle auf zwei Köpfe verteilen?* Jobsharing, Jobtandem

Das sind sie nun also, die bekannten und weniger bekannten Teilzeitformen. Weitere Modelle sind denkbar und werden in den nächsten Jahren vielleicht auf den Markt kommen. Wer die Wahl hat, hat nun die Qual!

Was Ihnen inzwischen klar sein sollte am Ende dieses Kapitels: Teilzeit gibt es in vielen unterschiedlichen Formen, manche ähneln sich, manche können in mehreren Bereichen angesiedelt werden, einige sind von der Tages-, Wochen- und Monatszeit abhängig, andere beziehen sich auf den Dienstort. Habe ich eine Teilzeitform übersehen oder hat sich Ihrer Ansicht nach eine neue entwickelt, dann zögern Sie bitte nicht und schreiben Sie mir.

Und wie auch immer Sie sich entscheiden: Grundsätzlich sollten Sie Ihre Teilzeit so regeln, dass diese sowohl für Sie als auch für Ihren Vorgesetzten beziehungsweise Ihre Firma vorteilhaft oder zumindest praktikabel ist. Das wird in den meisten Fällen auch so sein, vorausgesetzt, alle Beteiligten nehmen sich die Zeit, die Perspektive des anderen zu verstehen und gemeinsam über mögliche Optionen und Lösungen zu sprechen.

Ich persönlich habe es nie bereut, meine Arbeitszeit reduziert zu haben – egal, in welchem Teilzeitmodell. Und ich habe einige gelebt, wie ich Ihnen schon geschildert habe. All meine Erfahrungen trugen letztlich dazu bei, dieses Buch über Teilzeit zu schreiben, um den Teilzeittrend weiter zu befeuern und in unser aller Arbeitsleben künftig vielleicht eine bessere Work-Life-Balance zu ermöglichen. Was ich wirklich bereue: dass ich nicht schon viel früher auf den Teilzeittrichter gekommen bin. Aber lieber spät als nie.

5
Welche finanziellen und rechtlichen Fragen wichtig sind

Nachdem Sie in den Kapiteln 3 und 4 erfahren haben, welche Formen von Teilzeit grundsätzlich existieren, beschäftigen wir uns nun mit den Themen Finanzen und Recht. Das erscheint mir deshalb sehr wichtig, weil es nach wie vor die ersten Fragen sind, die man mir immer wieder stellt, wenn ich erzähle, dass ich freiwillig Teilzeit mache – um mehr zu leben und gleichzeitig mehr als genug Luxusgeld für die Erfüllung meiner Wünsche zu haben: »Sag mal, wie viel weniger verdienst du denn eigentlich mit deiner Teilzeit? Wie konntest du denn mit Teilzeit so ›mir nichts dir nichts‹ alle Kontinente bereisen? Kann ich das auch machen? Bekommst du dadurch weniger Rente? Hast du deinen gewohnten Lebensstandard reduziert? Worauf hast du verzichtet? Fährst du immer noch Porsche? Und hat dich deine Teilzeit deine Karriere gekostet – und damit ebenfalls Geld?«

Die wichtigsten Fragen werde ich direkt zu Beginn des Kapitels beantworten, außerdem erzähle ich Ihnen mein persönliches »Extrembeispiel« als Minimalist. Denn ich habe es geschafft, nur noch mit rund 200 Euro Fixkosten im Monat zurechtzukommen – und das, obwohl ich weiterhin meinen Porsche Youngtimer gefahren bin. Es hat mir im Prinzip an nichts gefehlt. Gut, der Porsche war nur noch haftpflichtversichert, ich war in einer sehr niedrigen Schadensfreiheitsklasse eingestuft und die Reparaturen durfte ich in der Werkstatt abarbeiten. Aber immerhin …

Sinkt also Ihr Lebensstandard mit Teilzeit? Nein, denn mein erster Tipp ist klar: Sie gewinnen Zeit! Tun Sie mit der gewonnenen Zeit etwas, das Ihnen Spaß macht und das Sie vielleicht auch besser beherrschen als andere Menschen, so können Sie sich möglicherweise etwas dazuverdienen. Mein zweiter Tipp: Kompensieren Sie das Weniger an Einkommen mit etwas mehr Achtsamkeit bei all Ihren Ausgaben. Das bedeutet nicht, dass Sie auf irgendetwas verzichten müssen, nur werden Sie sich bewusst, dass man schon mit geringen Änderungen im Alltag seine Ausgaben reduzieren kann.

Weniger Lohn für weniger Arbeit

Verdienen Sie also weniger Geld, wenn Sie Teilzeit machen? Ja, zumindest erhalten Sie vom Hauptjob weniger Gehalt – das ist eine unbestreitbare Tatsache. Wie viel, können Sie von der folgenden Tabelle ablesen. Aber berücksichtigen Sie bitte, dass Sie etwa als Pendler auch weniger Ausgaben haben. Ein Beispiel hierfür ist das in Kapitel 3 vorgestellte Modell der Pendlerteilzeit. Je weiter Ihr Dienstort von Ihrem Wohnort entfernt ist, desto eher lohnt eine Reduktion der zu arbeitenden Tage. Unterm Strich haben Sie dann vielleicht sogar mehr im Geldbeutel als in Vollzeit.

Selbst in den vollzeitnahen Modellen ist der Verdienstausfall lange nicht so groß, wie Sie das vielleicht annehmen. Die Tabelle in Kapitel 3 verdeutlicht, dass 11 freie Tage gerade mal 163,64 Euro im Monat in unserer Beispielrechnung mit 3.000 Euro Bruttoeinkommen kosten – und wir rechnen hier der Einfachheit halber mit 150 Euro weiter. Das könnte es Ihnen wert sein, oder? Denn auch 1.800 Euro im Jahr kann man über andere Tätigkeiten, die Ihnen vielleicht mehr liegen, wieder einspielen. Reduzieren Sie mehr als 20 Prozent, sehen Sie das bitte als Investition in sich selbst, in Ihre Zukunft, in Ihre Projekte oder in Ihre Familie. Nutzen Sie die gewonnene Zeit und machen Sie sich zum Beispiel selbstständig (siehe Kapitel 6).

Für Teilzeitbeschäftigte gibt es außerdem einen tollen Hebel: Von Vorteil ist für sie, dass das Bruttoeinkommen bei Teilzeit stärker sinkt als das Nettoeinkommen, alleine schon wegen der Steuerprogression. Das bedeutet, die Reduktion des Gehalts schlägt sich netto weniger gravierend nieder.

Brutto-netto-Tabelle für Teilzeitbeschäftigte[107]

Teilzeit (Prozent)	**Arbeitszeit** (Stunden pro Woche)	**Brutto-gehalt** (Euro)	**Brutto-einbuße** (Euro)	**Netto-gehalt** (Euro)	**Netto-einbuße** (Euro)
0	40	3.000	0	1.939,85	0
5	38	2.850	– 150	1.860,77	– 79,08
10	36	2.700	– 300	1.780,80	– 159,05
15	34	2.550	– 450	1.699,97	– 239,88
20	32	2.400	– 600	1.618,16	– 321,69
25	30	2.250	– 750	1.535,56	– 404,29
30	28	2.100	– 900	1.451,99	– 487,86
50	20	1.500	– 1.500	1.118,13	– 821,72
75	10	750	– 2.250	597,19	– 1.342,66

Kosten checken

Können Sie sich Teilzeit überhaupt leisten? Die Antwort ist klar: Wenn Sie meine Tipps befolgen und achtsamer bei Ihren künftigen Ausgaben sind, federn Sie das Weniger an Gehalt erst einmal gut ab. Anschließend investieren Sie bitte die gewonnene Zeit in eines Ihrer Talente, um endlich das zu tun, was Sie besser als andere beherrschen und womit Sie sich etwas hinzuverdienen könnten.

Für Teilzeitbeschäftigte ist es auf jeden Fall sinnvoll, sich mit den eigenen Ausgaben auseinanderzusetzen, das eigene Haushaltsbuch zu überprüfen oder sich, falls keines vorhanden ist, zumindest einen Überblick über die eigene Ausgabenstruktur zu verschaffen. Ich nutze dafür eine über die Jahre sehr ausgeklügelte Excel-Liste, aber es reicht auch ein einfaches Blatt Papier.

Identifizieren Sie also zunächst Ihre Kosten und listen Sie auf, welche sich monatlich oder jährlich wiederholen. Überprüfen Sie jede einzelne Position und entscheiden Sie dann, welche Sie streichen und welche Sie reduzieren können, um finanziell mehr Luft zu haben. Hier einige typische Streichkandidaten:

– *Abo-Dienste und Mitgliedschaften:* Kündigen Sie überflüssige, doppelte oder selten genutzte Abos, zum Beispiel bei Streamingdiensten oder für die Oper, und Mitgliedschaften, etwa in Vereinen oder Fitnessstudios.
– *Finanzen:* Suchen Sie sich günstigere Alternativen bei Girokonten, Kreditkarten, Handytarifen, Stromtarifen et cetera.
– *Versicherungen:* Kündigen Sie unnötige oder doppelte Versicherungsverträge.
– *Zusatzrente:* Lohnt sich bei der aktuellen Zinslage Ihre private Zusatzrente?
– *Mobilitätskosten:* Lassen Sie Ihr Auto auch mal stehen oder schaffen Sie es gleich ganz ab. Nutzen Sie öffentliche Verkehrsmittel, Fahrgemeinschaften, das Fahrrad et cetera.
– *Konsum:* Überprüfen Sie Ihr Konsumverhalten – vielleicht können Sie ja auf den einen oder anderen Luxus verzichten oder günstigere Alternativen wählen.

Es geht vor allem darum, Ihre Fixkosten bei einem Teilzeiteinkommen Ihrem Verdienstausfall entsprechend anzupassen. Das kann gelingen – und ich kann Ihnen aus eigener Erfahrung vorhersagen, dass es Ihnen trotzdem an nichts fehlen wird, ganz im Gegenteil! Wir reden ja auch tatsächlich nur von 163,64 Euro im Monat, wenn wir mal das Mini-Max-Modell durchkalkulieren, die Sie über den Zeitraum von einem Jahr kompensieren müssten. In einem Teilzeitjahr kann das bei mir beispielhaft so aussehen – für ein 1 Jahr auf 5-Prozent-Teilzeit-Niveau:

- *Januar:* Ungenutzten Fitnessstudio-Vertrag gekündigt, dafür joggen gegangen, aufs Onlinezocken verzichtet, die lange gesammelten Pfandflaschen abgegeben.
- *Februar:* Einen Monat lang nicht geraucht, Alkohol reduziert.
- *März:* Fastenzeit genutzt und auf Fleisch verzichtet, kostenloser Wohnungstausch für einen Urlaub in Italien.
- *April:* Auf eBay ungenutzte DVDs, CDs und Software versteigert.
- *Mai:* Fünf Jeanshosen flicken lassen, statt eine neue zu kaufen.
- *Juni:* Einmal weniger tanken, einmal weniger auswärts essen gegangen, eine Versicherung gekündigt.
- *Juli:* Freies Zimmer über Airbnb vermietet.
- *August:* Urlaubshotel ohne All-inclusive-Arrangement gebucht.
- *September:* Auf dem Flohmarkt ausgemusterten Kram und überflüssiges Geschirr verkauft.
- *Oktober:* Kfz-Versicherung, Strom- und Gasanbieter gewechselt.
- *November:* Heizungseinstellungen optimiert, Energie gespart und das Dach isoliert.
- *Dezember:* Auf Weihnachtsgeschenke verzichtet.

So einfach ist das. Nun sind Sie dran. Wie könnte Ihr Teilzeitjahr mit 5 Prozent aussehen? Womit sparen Sie sich diese 163,64 Euro in den 12 Monaten?

Und seien Sie doch mal ehrlich: Man braucht doch recht wenig, um richtig glücklich zu sein. Und ein bisschen Luxus sollte auch weiterhin drin sein – warum sonst sollte man in Teilzeit wechseln? Für mich war es mein Porsche: Natürlich bedarf es keines Sportwagens, aber mir hat er einfach Freude gemacht – und das darf und muss möglich bleiben! Klar ist: Man muss nicht reich sein, um glücklich zu leben. »Am reichsten ist der, der am wenigsten braucht«, sagte schon Seneca vor 2.000 Jahren – und daran hat sich bis heute nichts geändert.

Das Glück buddhistischer Mönche

Buddhistische Mönche kommen mit einem absoluten Minimum an Besitztümern aus. Darunter eine Schale, um Essensalmosen entgegenzunehmen, Tücher und Gürtel als Kleidung sowie eine Nadel, um das Gewand in Schuss zu halten. Außerdem zur Körperpflege ein Rasiermesser und ein Zahnholz, Medikamente bei Bedarf. Ein Stock zum Wandern und ein Sieb, um Wasser zu filtern. Mehr braucht es für Mönche nicht zum Glück – und natürlich gute Begegnungen mit freundlichen Menschen!

Wofür geben Sie Geld aus?

Sie müssen sich einmal bewusst machen, wofür Sie Ihr Einkommen jeden Monat überhaupt ausgeben müssen oder ausgeben wollen. Ihr Lebensstandard verpflichtet Sie, ja »verdonnert« Sie förmlich, so viel zu verdienen, dass Ihre Kosten gedeckt sind. Aber ist das wirklich alles notwendig?

Stellen Sie bei dieser Gelegenheit gleich all die bewussten oder unbewussten Vergleiche mit Freunden, Kollegen, Nachbarn und Familienangehörigen infrage: Müssen Sie unbedingt mit anderen mithalten? Was kostet Sie tatsächlich der Traum vom eigenen Haus, die luxuriöse Einrichtung, das flotte Auto, die topmodische Kleidung, der All-inclusive-Urlaub? Nur um sich von anderen abzuheben, anders oder besser zu wirken? *Haben oder Sein* titelte schon vor vielen Jahren Erich Fromm in seinem berühmten Buch. Verstehen Sie mich bitte nicht falsch: Jeder kann machen, was er möchte, solange er die Grenzen anderer nicht verletzt. Aber wir reden hier darüber, wie Sie sich das Weniger-Arbeiten elegant finanzieren können.

Einer der Hauptgründe, warum wir uns überhaupt in Vollzeit plus Überstunden zur Arbeit mühen, ist unser Konsumverhalten. Würden wir nur noch für die Fixkosten arbeiten müssen, also rein für Wohnung, Essen und Kleidung, wäre ein Teilzeitgehalt mehr als ausreichend. Was auch immer uns dazu bewegt, immer mehr konsumieren zu wollen – ob Werbung, Wetteifern mit anderen Menschen, gesellschaftliche Vorgaben, irgendwelche Idealvorstellungen –, es zwingt uns dazu, weiter Vollzeit zu arbeiten und meist darüber hinaus auch noch Schulden zu machen. Befreien Sie sich also von diesen Vorstellungen, denn Teilzeit bedeutet auch die Befreiung aus der »Vollzeitbürde«. Niemand zwingt Sie, ein Opfer unserer Konsumwirtschaft zu bleiben.

»Wer den Pfennig nicht ehrt, ist des Talers nicht wert.« Ja, ein alter Spruch, aber er gilt bis heute. Lernen auch Sie wieder den Wert jedes einzelnen Euros schätzen. Denn jeder Cent, den Sie unnötig ausgeben, zwingt Sie dazu, bis Ende 60 unfrei zu bleiben, dabei noch viele Überstunden zu schieben, um Chefs, Kollegen, Kunden oder Firma zu gefallen, die letztlich doch nur ihre eigenen Ziele verfolgen.

Vermeiden Sie Tätigkeiten und Lebensinhalte, die Sie unnötig Geld kosten. Die besten Dinge im Leben sind und bleiben kostenlos. Natürlich ist mir bewusst, dass Luxus enorm angenehm sein kann. Aber bitte geben Sie künftig nur noch das Geld aus, über das Sie wirklich frei verfügen können. Ist dieses weg, reduzieren Sie weiter Ihre Fixkosten: Kündigen Sie beispielsweise das Fitnessstudio, den Streamingdienst, das Theaterabonnement oder die Dauerkarte des Fußballvereins. Gesagt, getan: Dann haben Sie halt weniger Funktionen bei Spotify, sitzen im Theater vielleicht mal in einer anderen Reihe, holen sich bei den Topspielen in der Bundesliga eine günstigere Karte oder gehen in der Natur sporteln, statt auf dem Crosstrainer im stylischen Bewegungstempel eine halbe Stunde abzustrampeln. Na und? Denn wie lange waren Sie nicht mehr im Fitnessstudio, haben Sie ein Musikabo überhaupt nicht genutzt oder eine Eintrittskarte aus Zeitgründen verschenkt? Eben, viel zu oft.

Vieler Menschen liebstes Kind, das eigene Auto, ist im Alltag ein besonders großer Kostenfresser – ich weiß, wovon ich rede. Ein Satz Hochgeschwindigkeitsreifen mit einer weichen Gummimischung und ein Satz Bremsbeläge samt -scheiben kosten ein kleines Vermögen bei der Nobelmarke aus Stuttgart! Gut, dass ich das nie zahlen musste, denn ich konnte ja seit meinem Studium Webseiten programmieren, Netzwerke administrieren, Sicherheitssysteme und Kameraüberwachungsserver installieren, PCs und Macs aufsetzen und einrichten beziehungsweise warten. Verzichten Sie also auf Ihren Wagen, steigen Sie um auf Busse und Bahnen, auf das Fahrrad oder auf Carsharing. Besonders in Großstädten funktioniert das problemlos – und spart Ihnen bares Geld!

Vermeiden Sie Schulden, vor allem Kredite für Konsumgüter. Denn Schulden zwingen Sie dazu, weiter Vollzeit zu arbeiten, um Ihre Verpflichtungen gegenüber der Bank zu tilgen. Und wenn Sie Kredite laufen haben: Konzentrieren Sie sich darauf, alle Ihre Schulden möglichst rasch abzuzahlen, gleichen Sie den Dispokredit auf Ihrem Girokonto aus, nutzen Sie Ihre Kreditkarte nur noch in Notfällen – und hören Sie auf, »für Ihre Bank zu arbeiten«. Übrigens ist bar bezahlen besser als mit Karte, denn so bekommen Sie ein besseres Gefühl für Ihr Ausgabeverhalten und verlieren nicht so leicht den Überblick für den Wert des Geldes. Kommen Sie endlich an die Oberfläche der »schwarzen Zahlen«, tauchen Sie auf, raus aus den Schulden, gehen Sie an den Strand und leben Sie! Ihre Schulden machen Sie unfrei. Nicht nur durch den Verzicht auf Schulden können Sie Zinsen vermeiden, Sie können auch die sonstigen Kosten des Geldverkehrs reduzieren.

Viel Kleinvieh macht bekanntlich auch einen Haufen Mist. So lohnt es sich, nach den kleinen Einsparmöglichkeiten im Alltag zu fahnden. Es gibt nach wie vor kostenlose Girokonten, Geld- und Kreditkarten – Sie müssen sich nur die Mühe machen, sie zu recherchieren. Bei vielen Versicherungen können Sie richtig sparen, wenn Sie regelmäßig die Tarife vergleichen und gegebenenfalls wechseln; beachten Sie dabei die Kündigungsfristen. Dasselbe gilt für Ihren Strom- und Gasanbieter. Apropos Energieversorger: Identifizieren Sie die Stromfresser zu Hause, schalten Sie diese ab, wenn Sie können, oder nehmen Sie zumindest Stand-by-Geräte komplett vom Strom. Und wenn es mal kalt ist: einfach einen dicken Pullover anziehen, statt die Heizung auf volle Pulle hochzudrehen. Und anstelle eines heißen Vollbads hält Sie auch eine kurze Dusche frisch. Aber das kennen Sie ja vielleicht auch schon alles – es gehört halt, wie ich finde, der Vollständigkeit halber dazu.

Übrigens: Auch bei Ihrer Ernährung können Sie Geld sparen, egal ob auf Reisen oder daheim. Das bedeutet aber nicht, dass Sie nur noch im Discounter einkaufen gehen müssen oder die Lebensmittelqualität leidet. Mein Tipp geht in die Richtung, mehr selbst zu kochen, statt sich Fertiggerichte zu kaufen oder ständig im Restaurant essen zu gehen. Das hat den Vorteil, dass Sie wissen, was Sie zu sich nehmen – und Selbstgekochtes ist meist nicht nur leckerer, sondern auch preiswerter. Wenn Sie in den Supermarkt gehen, dann bitte nicht hungrig. Nutzen Sie dort die aktuellen Angebote, schreiben Sie sich vorher eine Einkaufsliste und halten Sie sich daran. Gerne darf man auch mal Produkte kaufen, die bald ablaufen und deshalb stark ermäßigt sind.

Reparieren Sie defekte Dinge wieder, statt Sie schnell gedankenlos wegzuwerfen. Kaufen Sie auch mal gebrauchte Sachen, statt immer was Neues online zu bestellen. Auch Kleidung darf mal geflickt oder mit Freunden getauscht werden. Lesen Sie im lokalen Anzeigenblatt oder im Internet nach, wo es in Ihrer Nähe Flohmärkte gibt, auch online lassen sich jede Menge gebrauchter Dinge günstig finden, ebenso wie natürlich im Secondhand-Laden nebenan. Kostengünstig lässt es sich im Outlet-Center shoppen oder bei Fabrikverkäufen. Und das wissen Sie natürlich selbst: Viele No-Name-Produkte sind genauso gut wie Markenartikel, Auslaufmodelle oft wesentlich günstiger als das aktuelle Modell. Wie im Supermarkt gilt: Vermeiden Sie Spontankäufe, denn oft hat sich der Konsumwunsch nach ein paar Tagen bereits wieder gelegt – zumindest ist das bei mir so.

Selbst ist der Mann oder die Frau – in Ihnen schlummern so viele Talente! Bauen Sie doch mal ein Möbelstück selbst. Sie werden überrascht sein, wie einfach das geht und wie viel Freude es macht. Basteln Sie auch mal wieder etwas, denn solche selbst gemachten Geschenke für Ihre Lieben sind individueller und persönlicher als jeder Shopping-Gutschein.

Sex, Drugs and Rock 'n' Roll: Verzichten Sie aufs Rauchen, vermeiden Sie übermäßigen Alkoholkonsum oder reduzieren Sie den Kaffeekonsum und so weiter. Dies ist nicht nur Ihrem Geldbeutel, sondern auch Ihrer Gesundheit zuträglich. Ich habe eine App, die mir sagt, wie viel ich gespart habe, seitdem ich das Rauchen vor ein paar Jahren in einer der langen Teilzeitphasen und auf einer entspannten Reise aufgegeben habe. Wobei ich anmerken möchte, dass jeder seine eigene Definition von »übermäßig« behalten darf und soll: Genuss darf also sein, also Rock 'n' Roll darf bitte immer und gerne!

Ich denke, dass Ihnen inzwischen klar geworden ist, worauf ich hinausmöchte: Sparen mit Sinn und Verstand, aber auch mit Freude. Und sobald Sie sich gesund »gefastet« haben, im finanziellen Sinn, also all Ihre eventuellen Schulden beseitigt sind, Sie auch am letzten Tag des Monats auf allen Konten im Plus stehen, können Sie wieder Gas geben und das Leben in vollen Zügen genießen! Passen Sie einfach das reduzierte Teilzeitgehalt Ihrem Konsumverhalten an. Und belohnen Sie sich trotzdem – es darf Spaß machen, das Leben zu genießen!

Mein Leben als Minimalist

Nach der Trennung von meiner damaligen Partnerin, mit der ich mir eine gemeinsame Wohnung teilte, konnte ich wählen, ob ich entweder sofort eine neue Unterkunft suche oder vielleicht doch den Rucksack packe und durch die Welt reise. Der Gedanke, einfach mal alles hinter mir zu lassen und für eine längere Zeit ins Ausland zu gehen, gefiel mir. Ich träumte von Brasilien, Australien, Thailand, Vietnam, Kambodscha, Südkorea, Indien, den Malediven und den Philippinen. Gesagt, getan! Ich zog aus, verkaufte, versteigerte oder verschenkte viele meiner überflüssigen Besitztümer. Den Rest lagerte ich irgendwo in einem Keller ein und fuhr los.

Ich verdiente zwar in meinem Hauptjob nur noch 50 Prozent, hatte aber deutlich geringere Ausgaben nach der Kündigung meiner Wohnung. Ich wollte zumindest einmal in meinem Leben ein echter Minimalist sein. Und sparen konnte ich einiges: Ohne Wohnung brauchte ich keine Hausratversicherung. Die Tageszeitung konnte ich ebenso kündigen wie das Fitnessstudio, das Theaterabo und die Stadionkarte »meines« Fußballvereins. Weitere Einsparungen hatte ich durch die Kündigung zweier unrentabel gewordener Rentenversicherungen, und auch auf die Rechtsschutzversicherung verzichtete ich. Festnetz, Internet, Streamingdienste ergaben ohne Wohnung und schnellen Internetzugang keinen Sinn – deshalb kündigte ich auch diese. Alles in allem konnte ich durch das Ausmisten meines Haushaltsbuchs über 1.000 Euro sparen, jeden Monat! Genug, um mit dem verbleibenden Teilzeitgehalt einmal um die Welt zu reisen.

Meine Essentials als Minimalist und »obdachloser Porsche-Fahrer«: Haftpflichtversicherung für den Youngtimer, Mitgliedschaft im Automobilklub, dazu noch eine Auslandskrankenversicherung, eine Privathaftpflichtversicherung, einen Handyvertrag, eine eigene Internet-Domain, die Rundfunkabgabe – Pflicht, wenn man für einen Fernsehsender arbeitet! –, die mir wichtige Mitgliedschaft in meinem Taekwondo-Verein sowie unverzichtbare Kleinigkeiten wie Bankgebühren et cetera. Unterm Strich hatte ich im Monat nur noch rund 200 Euro an Fixkosten. Aber ich wohnte ab da wie Udo Lindenberg eine Weile quasi im Hotel, bei Freunden auf der Couch, privat über Airbnb oder hütete die Häuser von Bekannten. Das kann man natürlich nicht dauerhaft so machen, aber für meine Weltumrundungspläne war es ideal.

Unabhängig davon, wie viel Geld Sie im Moment verdienen – sollten Sie je vorhaben, eine Weltreise zu unternehmen, können Sie gerne meinem Beispiel folgen und sich von vielen unnötigen Dingen und Verpflichtungen trennen, die Sie über die Jahre hinweg angesammelt haben. Es befreit außerdem ungemein, den alten Kram endlich loszuwerden. Mein Logistikprofessor an der Hochschule in Augsburg sagte immer: Alles, was man das letzte und vorletzte Jahr nicht gebraucht hat, kann – mit wenigen Ausnahmen – einfach weg.

Wie wirkt sich Teilzeit auf die Rente aus?

Ein gern genutztes Argument gegen die Teilzeit ist die Angst vor einer Kürzung der Rente. Natürlich reduzieren sich, wenn Sie ein geringeres Einkommen haben, auch Ihre Rentenansprüche. Da die Auswirkungen allerdings individuell sehr unterschiedlich sind, kann ich nur ganz allgemein raten: Lassen Sie sich von Ihrer Personalabteilung exakt ausrechnen, wie sich die Kürzung der Arbeitszeit auf Ihre Rente auswirkt. Falls Sie zudem Anspruch auf eine Betriebsrente haben, sollte diese natürlich ebenfalls in die Betrachtung einbezogen werden.

Eine Orientierung in Bezug auf die staatliche Rente gibt Ihnen die jährliche Renteninformation, die Ihnen per Post zugestellt wird, wenn Sie mindestens 27 Jahre alt und seit 5 Jahren versichert sind. Darin wird die Höhe der zu erwartenden Rentenanwartschaften aufgeführt, sowohl für Ihre Altersrente als auch für eine Rente wegen voller Erwerbsminderung. Darüber hinaus enthält diese regelmäßige Information eine Hochrechnung der Altersrentenansprüche zum Zeitpunkt des Erreichens der Regelaltersgrenze und eine Übersicht über die Höhe der bereits gezahlten Beiträge.[108] Wenn Sie älter als 55 Jahre sind, erhalten Sie alle 3 Jahre anstelle der Renteninformation eine ausführliche Rentenauskunft mit Versicherungsverlauf samt Informationen zu den einzelnen Altersrenten, zur Erwerbsminderungs- und zur Hinterbliebenenrente.[109] Wissenswertes hierzu finden Sie auch unter www.deutsche-rentenversicherung.de.

Informieren Sie sich, was Sie zum Rentenbeginn finanziell erwartet, und sorgen Sie entsprechend vor. Je mehr Teilzeit Sie arbeiten, desto weniger staatliche Rente werden Sie bekommen – so viel sollte Ihnen klar sein. Auch die Betriebsrente kann davon tangiert sein, aber es gibt einige Urteile, die daraufhin hindeuten, dass Teilzeitmitarbeiter nicht benachteiligt werden dürfen. So wurde bei manchen beispielsweise schon mal nur der Einkommensdurchschnitt der letzten 5 Arbeitsjahre als Berechnungsgrundlage für die Höhe der Betriebsrente herangezogen, auch wenn sie davor vielleicht 35 Jahre in Vollzeit gearbeitet hatten. Man spricht heute deshalb von einem »Gesamtbeschäftigungsquotienten« und bezieht dabei die gesamten 40 Dienstjahre in die Berechnung mit ein. Das sollte aus meiner Sicht Schule machen, dass man nach einer gewissen Zahl von eingezahlten Vollzeitbeiträgen abschlagsfrei seine Rente kassieren kann.[110]

Also, falls Sie zu den Leuten gehören, die in einer großen Firma arbeiten, die sich auch um die soziale Absicherung ihrer Mitarbeiter mit einer Betriebsrente sorgt und Sie schon über 30 Jahre in eine Betriebsrentenkasse in Vollzeit eingezahlt haben, könnten Sie es eventuell ohne Abschlag locker angehen lassen. Das würde bedeuten, dass Sie 40 oder sogar 50 Jahre arbeiten, aber, ohne nur einen Cent weniger Betriebsrente zu erhalten, 10 bis 20 volle Jahre Teilzeit machen dürften! Bitte fragen Sie das aber in Ihrer zuständigen Abteilung im Haus mal nach und lassen Sie sich eine Renteninformation zuschicken.

Ein konkretes Beispielurteil habe ich dazu auch noch: Ein Mitarbeiter hatte 31 Jahre im Betrieb gearbeitet und sich für die Altersteilzeit im Blockmodell entschieden. Die Höhe der Betriebsrente war sowohl von der Dauer der Zugehörigkeit zum Unternehmen als auch vom zuletzt bezogenen Verdienst abhängig. Bei Beschäftigten in Teilzeit, wurden hierfür die letzten 120 Monate zur Berechnung der Rente herangezogen – auch für Mitarbeiter, die sich für eine Altersteilzeit entschieden hatten. Dies wirkte sich natürlich stark mindernd auf die Rente aus. Zu stark, wie das Bundesarbeitsgericht in Erfurt 2012 entschied. Die Betriebsrente nach einer Altersteilzeit muss deshalb entsprechend den Regelungen für Vollzeitbeschäftigte ermittelt werden, um einer Diskriminierung von Mitarbeitern aufgrund der Altersteilzeit entgegenzuwirken. Das bedeutet: Regelungen zur Kürzung der Betriebsrente für Mitarbeiter in Teilzeit können nicht einfach auf Mitarbeiter in Altersteilzeit übertragen werden.[111]

Zur staatlichen Rente sei an dieser Stelle noch gesagt, dass man, sofern man 35 beziehungsweise 45 Beitragsjahre nachweisen kann, abschlagsfrei bereits mit 63 in die Altersrente gehen kann. Ich schaffe das vermutlich nicht mit diesen 45 Beitragsjahren, aber vielleicht ja Sie.[112] Ausrechnen lassen können Sie sich das von der Deutschen Rentenversicherung. Einfach online unter https://www.eservice-drv.de/SelfServiceWeb alles ausfüllen und abschicken – innerhalb von ein paar Tagen flattert alles Wissenswerte detailliert in Ihr Postfach.

Übrigens: Wer sich um seine Kinder kümmert und deshalb Teilzeit macht oder wer die Arbeitszeit reduziert, um sich um pflegebedürftige Angehörige zu kümmern, ist weniger stark von einer Senkung der Rentenansprüche betroffen. Hier gibt es Sonderregelungen, laut denen unter bestimmten Bedingungen beispielsweise Zuschüsse zur Rentenversicherung für pflegende Angehörige von der Pflegeversicherung gezahlt werden. Geprüft wird dieser Anspruch durch die Pflegekasse des pflegebedürftigen Angehörigen.[113]

Karriere trotz Teilzeit

Kostet Sie die Teilzeit Ihre Karriere – und damit ebenfalls Geld? Ja, leider ist es in vielen Firmen immer noch so: Wer weniger im Job ist, wird weniger wahrgenommen, ist nicht mehr zu 120 Prozent vom Chef greifbar – und spielt deshalb nicht mehr in der »Ersten Liga« mit. Die Entscheidung für die Arbeit in Teilzeit ist meist auch eine klare Entscheidung für bestimmte Prioritäten im Leben: gegen die Karriereleiter im Konzern und für mehr Zeit.

Das ist Ihnen ja wahrscheinlich auch bewusst, wenn Sie sich zum Beispiel für ein großes privates Projekt entscheiden oder ein Ehrenamt übernehmen wollen. Entscheidet man sich für etwas, lehnt man gleichzeitig etwas anderes ab. Aber es gibt Vorzeigeunternehmen, die ich gleich vorstellen werde, und es gibt viele schöne Beispiele dafür, dass man Karriere in Teilzeit machen kann. Positive Ansätze sind vorhanden, aber es gibt immer noch sehr viel Nachholbedarf. Die existierenden Teilzeitmodelle sind auch hervorragend dafür geeignet, unsere Arbeitswelt so zu gestalten, dass man eben nicht mehr 120 Prozent über viele Jahre abreißen muss. Jobsharing und Tandemjobs sind prädestiniert dafür, dass auch Fachkräfte und Teamleiter sich gute Stellen teilen können. Man muss es nur wollen – doch es scheint, dass es bis dahin noch ein langer Weg ist.

Solange nämlich in den Köpfen von Vorgesetzten und Kollegen Teilzeit nicht als das angesehen wird, was es eigentlich positiv bewirken kann – gesündere, kreativere, ausgeruhtere und glücklichere Mitarbeiter, egal auf welcher Karrierestufe –, verlangsamt Teilzeit leider Ihre Karriere. Das gilt umso mehr, wenn Unternehmen 120 Prozent Verfügbarkeit und Dauerpräsenz erwarten.

Ich bin der Überzeugung, dass ein Generationenwechsel stattfinden muss: Macht die jungen Nachwuchskräfte der Generation Y zu Chefs, und wir arbeiten alle nur noch glücklich mit 50 Prozent. Halbe Arbeit – ganzes Leben: Das ist das Ziel! Und besonders deutlich möchte ich an die Frauen der Y-Generation einen Appell richten: Meiner Erfahrung nach blockieren besonders die patriarchischen und von Männern dominierten Managementriegen den Gedanken der Befreiung durch Teilzeit. Trauen Sie sich, auch in Teilzeit, zum Beispiel im Jobtandem, Führungspositionen auszuüben – das wird uns alle ein großes Stück voranbringen in dem Bemühen, unsere Work-Life-Balance besser zu gestalten. Ich zähle fest auf Sie, gerade mit und trotz Kindern!

Doch was denken Vorgesetzte insgeheim wirklich über Teilzeitarbeiter? Natürlich weiß ich das nicht genau, niemand kann in die Köpfe anderer Menschen blicken. Umfragen zu diesem Thema finde ich generell problematisch, denn so richtig ehrlich darf man ja angesichts des Diskriminierungsverbots hierzulande nicht darüber reden, zumindest nicht öffentlich.

Wissen Sie, ich war in Vollzeit jahrelang Teamleiter – später irgendwann nicht mehr. Warum ich letztlich die Teamleitungsfunktion nicht mehr ausüben durfte, hat sicher unterschiedliche Gründe, die man im Nachhinein nicht mehr belegen möchte. Vielleicht waren es Umstrukturierungen in der Abteilung, ein Chef- oder Chef-Chef-Wechsel oder sonst eine Machtverschiebung in der Hierarchie. Fakt ist, dass ich in Teilzeit nie wieder Teamleiter wurde, warum auch immer. Vielleicht muss ich dazu erst wieder Vollzeit plus Überstunden arbeiten, um richtig sichtbar zu werden.

Grundsätzlich müssen Vorgesetzte Aufgaben erfolgreich nach unten delegieren, um selbst weiter die Karriereleiter nach oben zu erklimmen. Klar ist, dass es auf den ersten Blick einfacher scheint, an motivierte Vollzeitmitarbeiter Dinge abzugeben – zumindest bis zum Zeitpunkt, an dem die Untergebenen ausgebrannt sind. Diese werden dann fix ausgetauscht und schaffen wieder ordentlich was weg, frei nach dem Motto »Up or out!«. Solange die Karrieren so funktionieren, leite ich daraus ab: Vorgesetzte denken über Teilzeitkräfte eher abschätzig, weil diese für deren eigene Karrierepläne weniger förderlich sind als »Vollzeitkräfte«, die noch jede Menge Überstunden unentgeltlich leisten. Ich finde das nicht mehr zeitgemäß.

Dennoch müssen Sie der Realität ins Auge blicken: Vermutlich machen Sie weniger schnell Karriere oder kommen erst gar nicht weiter, vermutlich werden Sie bei Beförderungen, Gehaltserhöhungen oder Bonuszahlungen übergangen. Auch das kostet Sie bis zu Ihrer Rente richtig Geld. Wie viel, das kann ich natürlich nicht beziffern – doch am Ende kommt es immer darauf an, wie viel Teilzeit Sie über Ihre gesamte Lebensbilanz gearbeitet haben. Teilzeit kostet Sie also Geld, aber die gewonnene Freiheit ist kaum hoch genug einzuschätzen. Sie macht sich nicht positiv auf dem Gehaltszettel oder dem Rentenbescheid bemerkbar, sondern wird vor allem in den Dingen sichtbar, die Ihnen persönlich wichtig sind.

Ausnahmen bestätigen wie immer die Regel, möglicherweise gehört Ihr Unternehmen dazu und unterstützt beispielsweise Führungskräfte, die in Teilzeit arbeiten wollen. Denn auch in den Führungsetagen findet langsam ein Umdenken statt. So titelte das *Handelsblatt* bereits 2011: »Chefs entdecken die Teilzeit«, und beschrieb anhand dreier Erfahrungsberichte von Allianz, Deutscher Bank und Telekom, wie Teilzeit in Führungspositionen gelingen kann.[114] Vorteile generieren Unternehmen durch Teilzeitmodelle zum einen dadurch, dass sie erfahrene Manager in Zukunft länger als üblich im Unternehmen halten, denn die wenigstens sind gewillt, länger als bis 63 in Vollzeit zu arbeiten. Und zum anderen werden sie aufgrund ihrer flexiblen Arbeitszeitangebote von Nachwuchsführungskräften als attraktive Arbeitgeber wahrgenommen. Daneben kann Teilzeitarbeit für Manager auch der Personalentwicklung zugutekommen: Stellvertreter oder Anwärter auf höhere Positionen können so in den Teilzeitphasen ihres Chefs erste Managementerfahrung sammeln.

Eine Studie aus dem Jahr 2017 zeigt, dass vor allem die Größe des Unternehmens Einfluss auf das Angebot flexibler Arbeitszeitmodelle hat. So arbeiten fast 70 Prozent derer, die solche Arbeitszeitformen nutzen können, in Unternehmen, die mindestens 2.000 Mitarbeiter haben.[115] Dabei ist Teilzeit das am häufigsten angebotene Modell, dicht gefolgt von der Elternzeit sowie der Vertrauensarbeitszeit.[116]

Die Möglichkeit für Führungskräfte, Teilzeit zu arbeiten, ist also oft vorhanden, wird aber bei Weitem noch nicht so genutzt, wie es sein sollte. Informieren Sie sich in Ihrem Unternehmen und scheuen Sie sich nicht, Teilzeit in Anspruch zu nehmen! Einige Firmenbeispiele dafür habe ich ja auch schon im letzten Kapitel erwähnt. Erinnern Sie sich an das Modell bei SAP? Aber es gibt noch weitere Beispiele bei Banken, Beratungen und Kanzleien, die ebenfalls Karriere im Schongang anbieten, mit weniger Geld, aber mehr Freizeit. Für die jüngere Generation ist das perfekt, auch wenn man die Konsequenzen für deren Karriere heute noch nicht absehen kann.[117]

Der junge Arzt Matthias E., 31 Jahre, ist so ein Beispiel: Auch er wünschte sich als Berufsanfänger Teilzeit, ohne dass er kleine Kinder oder kranke Angehörige zu versorgen hatte. Eine typische Entwicklung für die Generation Y, so Jutta Rump, Professorin an der Fachhochschule Ludwigshafen, die zu Trends in der Arbeitswelt forscht.[118]

Wie sich die Karriere von Matthias entwickeln wird, ob er beispielsweise Chefarzt in Teilzeit werden könnte, kann ich natürlich nicht beurteilen. Zu wünschen wäre es ihm aber von ganzem Herzen!

Das Recht auf Teilzeit

In diesem Abschnitt stelle ich Ihnen die wichtigsten Regeln rund um das Thema Teilzeit vor. Weitere aktuelle rechtliche und gesetzliche Entwicklungen finden Sie im Internet oder auf meiner Internetseite zum Buch unter www.halbearbeitganzesleben.de.

Ich beginne mit der rechtlichen Definition von Teilzeit in Deutschland: »Ein Teilzeitjob ist eine Beschäftigung, bei der Sie die regelmäßige Wochenarbeitszeit verkürzen, also weniger arbeiten als ein Kollege in Vollzeit.«[119] Ergänzend werden auch Arbeitnehmer, die geringfügig beschäftigt sind, zu den Teilzeitbeschäftigten gezählt.[120] Festgelegt ist dies im Gesetz über Teilzeitarbeit und befristete Arbeitsverträge, das seit Anfang 2001 in Kraft ist.

Jeder der länger als 6 Monate in einem Unternehmen beschäftigt ist, hat einen Anspruch auf Teilzeit in Deutschland. Die Voraussetzung hierfür ist lediglich, dass der Betrieb in der Regel mehr als 15 Mitarbeiter beschäftigt, wobei Auszubildende nicht mitgezählt werden.[121] Eine Ausnahme gilt für Auszubildende, denn eine Ausbildung in Teilzeit ist nicht prinzipiell, sondern nur bei einem berechtigten Interesse an einer Verkürzung der Ausbildungszeit möglich.

Was das Thema Kündigungsschutz angeht: Rechtlich wird Teilzeit hier wie Vollzeit betrachtet. Ein möglicher Bestandsschutz Ihres Arbeitsverhältnisses bleibt unabhängig vom Umfang Ihrer Arbeitszeit bestehen, bei den Kündigungsfristen wird ebenfalls nicht zwischen Voll- und Teilzeitarbeit unterschieden.[122] Unwirksam wäre auch eine eventuelle Kündigung Ihres Arbeitsverhältnisses aufgrund Ihrer Weigerung, von Teilzeit in Vollzeit zu wechseln oder umgekehrt. Das Recht zur Kündigung aus anderen Gründen bleibt davon aber unberührt.[123]

Für Beamte des Bundes gelten die Regelungen des Bundesbeamtengesetzes. Dieses besagt, dass Beamte, die Anspruch auf Besoldung haben, einen Antrag auf Teilzeit stellen können. Eine Reduktion der Arbeitszeit ist bis zur Hälfte der regelmäßigen Arbeitszeit möglich.[124] Der Antrag darf nur bewilligt werden, wenn keine dienstlichen Belange entgegenstehen, und kann nachträglich auch in Bezug auf die Dauer der Teilzeit oder den Umfang der Arbeitszeit verändert werden, wenn zwingende dienstliche Belange dies erfordern.[125] Wie schon im vorigen Kapitel bei den Modellen erwähnt, besteht die Möglichkeit, eine Familienpflegezeit in Anspruch zu nehmen oder alternativ eine familienbedingte Teilzeit oder familienbedingte Beurlaubung ohne Besoldung zu beantragen – diese ist bis zu einer Dauer von 15 Jahren möglich.[126] Für Landes- und Kommunalbeamte gelten die entsprechenden Regelungen in den jeweiligen Landesbeamtengesetzen. Dort sollten Sie unbedingt nachsehen, wenn Sie sich mit dem Thema Teilzeit auseinandersetzen.

Vielleicht fragen Sie sich jetzt noch: Kann man rein rechtlich zwei oder mehr Teilzeitstellen haben? Ja, das geht grundsätzlich, aber dazu ist die schriftliche Einverständniserklärung aller betroffenen Arbeitgeber einzuholen. Für zwei Teilzeitjobs werden dann auch zwei Lohnsteuerkarten benötigt – in der zweiten Lohnsteuerkarte wird in der Regel eine für Sie zunächst ungünstigere Lohnsteuerklasse eingetragen. Die hohen Abgaben, die dadurch fällig werden, können Sie sich aber eventuell am Jahresende vom Finanzamt zurückholen.

Antrag auf Teilzeit

Obwohl vom Gesetzgeber keine konkrete Form vorgegeben wird, rate ich Ihnen, bei Ihrem Arbeitgeber einen schriftlichen Antrag mit allen relevanten Informationen zu stellen. Dadurch sind Ihre Teilzeitwünsche dokumentiert – und das hilft, eventuellen Missverständnissen oder Diskussionen vorzubeugen. Der Wunsch, die Arbeitszeit zu verkürzen, ist laut gesetzlicher Regelung mindestens 3 Monate vor Beginn der Teilzeit zu kommunizieren, ebenso der gewünschte Umfang der Reduzierung.[127] Teilzeit sollten Sie stets nur befristet beantragen, um später wieder Vollzeit arbeiten zu können.

Muster-Teilzeitantrag

So könnte Ihr Teilzeitantrag mit halber Arbeit und ganzem Leben aussehen. Ergänzen Sie die [Platzhalter] bitte mit Ihren persönliche Angaben.

[Ihr Name]
[Ihre Adresse]
[Ihr Telefon]
[Ihre E-Mail]

[Firma]
Personalabteilung
[Ansprechpartner]
[Adresse]

Antrag auf eine befristete Teilzeit *[Ihr Datum]*

Sehr geehrte Frau [Personalchefin],
mit diesem Schreiben beantrage ich die Genehmigung eines befristeten Teilzeitmodells und die Verkürzung meiner Wochenarbeitszeit von [40] auf [20] Stunden.
Die reduzierten Stunden möchte ich gerne [am Stück] und in Rücksprache mit meiner Abteilung so nehmen, sodass ich [2 Wochen am Stück arbeite und dann 2 Wochen Freizeit] habe.
Diese Teilzeitregelung würde ich gerne ab [1. Januar 2019] bis [31. Dezember 2019] mit Ihnen für die Dauer eines Jahres vereinbaren.
Für Rückfragen stehe ich gerne zur Verfügung.

Mit freundlichen Grüßen
[Ihr Name]

Sie können die [Platzhalter] in obigem Musterbrief mit Ihren Daten ausfüllen – und natürlich das Schreiben an Ihre persönlichen Wünsche anpassen. Unterschreiben und dann ab damit in die Hauspost mit Eingangsstempel oder per Einschreiben und Rückschein über die gewöhnliche Post. Im Idealfall ist schon nach wenigen Wochen Ihr Antrag genehmigt. So einfach ist das!

Ihr Arbeitgeber wird dazu angehalten, mit Ihnen zu einer Vereinbarung bezüglich Ihres Teilzeitwunschs zu gelangen. Ihr Teilzeitantrag kann jedoch aus betrieblichen Gründen abgelehnt werden. Da es sich aber nun um eine Einwendung des Arbeitgebers handelt, trägt dieser die »Darlegungs- und Beweislast«. Hierfür wurde vom Bundesarbeitsgericht eine dreistufige Prüfung ins Leben gerufen. Darin geht es, verkürzt gesagt, zuerst um die Erstellung eines sogenannten betrieblichen Organisationskonzepts. Damit soll im zweiten Schritt geprüft werden, ob dem Teilzeitantrag überhaupt etwas entgegensteht. Und im dritten Schritt wird beurteilt, wie erheblich diese betrieblichen Gründe wirklich sind. Nur wenn es sich um eine »wesentliche Beeinträchtigung der Arbeitsorganisation, des Arbeitsablaufs, der Sicherung des Betriebs oder um eine unverhältnismäßige wirtschaftliche Belastung handelt, wären die Gründe erheblich«.[128] Sprich, es wird für Ihren Arbeitgeber nicht einfach, Ihren Teilzeitantrag abzulehnen.[129]

Die Entscheidung Ihrer Firma über die Reduzierung Ihrer Arbeitszeit muss Ihnen spätestens einen Monat vor gewünschtem Beginn der Teilzeit in schriftlicher Form vorliegen. Sollten Sie zu keiner Einigung mit dem Arbeitgeber kommen und es liegt einen Monat vor gewünschtem Beginn der Teilzeit noch keine schriftliche Ablehnung vor, dann verringert sich Ihre Arbeitszeit automatisch im gewünschten Umfang.[130]

Bei einer schriftlichen Ablehnung des Teilzeitantrags können Sie übrigens erst nach 2 Jahren erneut einen Antrag auf Teilzeit stellen. Dies gilt übrigens auch, wenn Ihr Arbeitgeber den Antrag bewilligt hat: Ein erneuter Antrag ist ebenfalls erst wieder nach 2 Jahren möglich.[131]

Lehnt der Arbeitgeber Ihren Antrag ab, haben Sie grundsätzlich das Recht, dagegen vorzugehen und sich erst einmal rechtliche Hilfe zu holen. Ihre Chance, eine mögliche Klage gegen die Ablehnung des Teilzeitantrags zu gewinnen, ist groß – denn der Arbeitgeber muss diese ziemlich wasserdicht begründen. Allerdings bin ich ganz grundsätzlich der Meinung, dass es meist schon ausreicht, wenn Sie gut informiert sind und wissen, wie schwer es für den Arbeitgeber ist, eine Ablehnung rechtlich durchzuboxen. Ich persönlich würde eine Klage immer nur als letztes Mittel einsetzen – denn das Verhältnis zu Ihrem Arbeitgeber würde darunter stark leiden. Informieren Sie sich also unbedingt genau vor einem solchen Schritt – der gerichtliche Weg gegen den eigenen Arbeitgeber will wohlüberlegt sein.

In Berlin wollte eine leitende Angestellte ihre Arbeitszeit verringern, konnte sich aber nicht mit ihrem Arbeitgeber einigen. Dieser vertrat den Standpunkt, dass Teilzeit gerade für leitende Angestellte in seinem Betrieb nicht vorgesehen sei. Das Arbeitsgericht gab jedoch der Klage der Arbeitnehmerin statt. Es erklärte, dass Teilzeitarbeit laut Teilzeit- und Befristungsgesetz und europarechtlichen Regelungen auch Führungskräften ermöglicht werden müsse.[132] Wie Sie sehen, ist es nicht einfach für Arbeitgeber, einen Antrag von leitenden Angestellten abzulehnen. Um erst gar nicht in diese Situation zu kommen, empfiehlt es sich, dass Sie rechtzeitig das persönliche Gespräch mit allen Beteiligten suchen: um eventuelle Hinderungsgründe frühzeitig abzuklären, Engpässe bei betrieblichen Arbeitsabläufen zu vermeiden und bereits im Vorfeld Lösungen zu finden.

Ein Rückkehrrecht in eine Vollzeitbeschäftigung besteht ab 2019, falls Sie schon mindestens 6 Monate im Betrieb sind und dieser eine gewisse Unternehmensgröße hat. Ab 45 beziehungsweise 200 Mitarbeitern wird es immer leichter, dass auch Sie ein Recht auf Rückkehr in Ihre Vollzeit haben. Manche Vorzeigeunternehmen bieten das aber bereits auf der Arbeitsvertragsebene an. Aus diesem Grund ist die oben genannte Befristung Ihrer Teilzeit ein wichtiger Punkt. Ihr Arbeitgeber sollte Ihren Wunsch, wieder länger zu arbeiten, zwar bevorzugt behandeln, allerdings nur, wenn ein geeigneter Arbeitsplatz zu besetzen ist und kein Bewerber besser geeignet ist als Sie.[133] In der Praxis lässt diese Regelung dem Arbeitgeber recht viel Spielraum.

Besonderheiten in Österreich und der Schweiz

In Österreich ist das Recht auf Teilzeit in Paragraf 19d des Arbeitszeitgesetzes verankert. Hier werden alle wichtigen Punkte wie Arbeitszeit, Überstunden oder Mehrarbeit ausführlich geregelt. Im Unterschied zu Deutschland fehlt die Auflage für die Größe des Unternehmens. Wichtig ist, dass es in Österreich ebenso wie in Deutschland ein Diskriminierungsverbot gibt. Das bedeutet, dass Sie nicht wegen Teilzeit benachteiligt werden dürfen und somit auch freiwillige Sozialleistungen und auch firmeninterne Schulungen bekommen. Bei den Details zum Ausgleich von Mehrstunden, die trotz Teilzeit geleistet wurden, gibt es viele Ausnahmen, und auch der Kollektivvertrag in Österreich kann abweichende Regelungen enthalten. Wenden Sie sich bitte in Österreich diesbezüglich an Ihren Betriebsrat, Ihre Fachgewerkschaft oder die Arbeitskammer.[134]

In der Schweiz werden die Bestimmungen für Teilzeitbeschäftigte von den Vollzeitarbeitsverhältnissen abgeleitet. Hier finden beispielsweise das schweizerische Obligationenrecht (OR), das Arbeitsgesetz (ArG) und Gesamtarbeitsverträge (GAV) Anwendung, aber ein explizites Teilzeitgesetz wie in Deutschland gibt es in der Schweiz nicht. Dennoch sind einzelvertragliche Lösungen mit dem Arbeitgeber üblich – nicht zuletzt wegen der steigenden Zahl der Teilzeitbeschäftigten.[135]

Per definitionem ist Teilzeitarbeit in der Schweiz ein »Arbeitsverhältnis mit einem Pensum von weniger als 100 Prozent«, eigentlich wenig überraschend. Die Folge, dass Teilzeitbeschäftigte den gleichen Bestimmungen wie Vollzeitmitarbeiter unterliegen, bringt in der Praxis gewisse Schwierigkeiten mit sich. Das zeigt sich beispielsweise bei den Überstunden: Auch Teilzeitarbeiter sind verpflichtet, Überstunden zu leisten, »sofern sie zu leisten und nach Treu und Glauben zugemutet werden können«[136]. Sprich: Man reduziert, kann aber dann noch zur Vollzeit verdonnert werden, aber zumindest ist dann ein Zuschlag von 25 Prozent fällig.[137]

Chefs und Kollegen einbinden

Grundsätzlich müssen Sie in Ihrem Antrag auf Teilzeit keine Begründung angeben. Aber Sie können das natürlich trotzdem gerne tun. Es macht auch tatsächlich Sinn, Vorgesetzte und Kollegen frühzeitig zu informieren und einzubeziehen, also in einem Gespräch zu begründen, warum Sie Teilzeit arbeiten wollen. Aber das müssen Sie nicht unbedingt schriftlich im Antrag tun, weshalb im Musterbrief vorne keine Begründung steht.

Wenn Sie aus familiären Gründen in Teilzeit gehen wollen, haben meist alle Menschen um Sie herum dafür viel Verständnis – deshalb ist das auch der gängigste Grund. Andere Gründe, die sich nicht verheimlichen lassen – wenn Sie sich etwa mit einem kleinen Restaurant ein zweites Standbein schaffen möchten oder sich an der Uni einschreiben –, sollten Sie ebenfalls nennen. Denn vielleicht wollen Sie Ihre neuen Lebensinhalte auch mal in den sozialen Medien posten – und spätestens dann bekommen das alle mit.

Niemand mag gestresste, übermüdete und genervte Kollegen – »grantige« Leute eben –, wie man in meiner Heimat sagen würde. Teilzeit hilft genau diesen Menschen, in jenen krassen Lebensphasen auf der »Überholspur des Lebens« sich Zeit für die Dinge zu nehmen, die ihnen so viel abverlangen: beispielsweise Kinder zu erziehen, in die Politik zu gehen, ein großes Wohnprojekt umzusetzen oder sonst ein zeitintensives privates Ziel zu realisieren. Teilzeit entspannt das eigene Leben, aber genauso auch das von Kollegen, Familie und Freunden. Natürlich fehlt man in einem fein abgestimmten Arbeitsteam im Job, wenn man plötzlich die Arbeitszeit um die Hälfte reduziert, um beispielsweise einen alten Bauernhof zu sanieren. Aber was nützt dem Unternehmen ein Teammitglied in Vollzeit, das mit seinen Gedanken immer woanders ist? Dann ist doch lieber der Kollege Mengewein freitags nicht im Haus, und jeder kann sich darauf einstellen.

Kurz und gut: Reden hilft immer. Für Ihre Teilzeitmotive ernten Sie mehr Verständnis, als wenn Sie über Monate unkonzentriert Ihre Pflicht erfüllen und im schlimmsten Fall Fehler machen oder unter der Mehrfachbelastung zusammenbrechen.

Allerdings gibt es auch eine Kehrseite: mehr Freiheit – mehr Neider! Wenn Sie wie ich Ihre Teilzeit-Freiheit in vollen Zügen genießen, müssen Sie leider mit einem rechnen: mit Neid und Missgunst bei manchen in Vollzeit arbeitenden Kollegen, vielleicht auch bei den Vorgesetzten oder im privaten Umfeld.

Ich weiß, wie verlockend es ist, aus fernen Ländern neiderregende Sonnenuntergänge in seine Timeline zu stellen oder abenteuerliche Storys zu veröffentlichen. Aus meiner jahrelangen Erfahrung als Community-Manager und Social-Media-Redakteur kenne ich die Wirkung und die Macht der Bilder, Texte und Filmchen bestens: ein sonniges Bild aus dem Süden, schnell mit lustigem Smiley und einem Hinweis auf eine recht annehmliche Außentemperatur verziert. Ein flotter Spruch: »Ach, und jetzt noch ein Sundowner unter Palmen.« Ein nettes Foto von den Herzen, die in den weißen Sandstrand mit dem Fuß gemalt sind. Aufregende Bilder mit der Helmkamera aus dem Kajak. Das ist zwar alles megacool – aber nicht für diejenigen, die nun Ihren Job bei Regenwetter und Sturm erledigen müssen. Ich habe das leider zu oft gemacht. Inzwischen habe ich jedenfalls viele meiner Posts wieder gelöscht.

Social-Media-Tipp

Prahlen Sie nicht öffentlich mit Ihrer neuen Teilzeit-Freiheit in den großen sozialen Netzwerken. Von den 9-to-5-Job-Hinterbliebenen wird das leider allzu oft völlig falsch verstanden und fehlinterpretiert. Teilen Sie nicht alles und mit jedem – posten Sie Ihre Texte, Bilder, Filme in geringer Auflösung nur noch für kleine und sehr private Gruppen und ausgesuchte Zuschauer. So erreichen Sie auch wirklich nur die Adressaten, die Ihnen hoffentlich wohlgesonnen sind. Klammern Sie bewusst Vorgesetzte und unliebsame Kollegen aus.

Bedenken Sie außerdem, dass Sie Ihre Bilder in den meisten sozialen Medien quasi verschenken. Wollen Sie später mal beispielsweise einen Bildband von Ihrem eigenen Mountainbike-Vulkan-Trip auf Hawaii verkaufen, wäre es kontraproduktiv, wenn Sie schon alle Motive in hoher Auflösung auf Instagram veröffentlicht hätten – damit hätten Sie eine Chance zu früh vergeben.

Achten Sie unbedingt auf Ihren Ruf im Job. Denn wenn Sie irgendwann in Ihre Firma zurückkehren, Ihre Reputation aber zwischenzeitlich in irgendeiner Form beschädigt wurde, werden Sie es richtig schwer haben. Ich spreche aus eigener leidvoller Erfahrung: Als ich von meiner 10-Wochen-Reise zurück in die Redaktion kam, braun gebrannt, mit einem lässigen kleinen Bart, ausgeblichenen Freundschaftsbändchen und einem gelassenen Abstand zu den Dingen, wollte anfangs niemand mit mir reden. Man war sichtlich erbost darüber, dass der Mengewein schon wieder und so lange im Urlaub war. Und dann all die vielen Urlaubsbilder, die er gepostet hatte: »Widerlich!« Das gab sich irgendwann wieder, als die Neugierde überwog und man mich auch mal fragte, wie ich das so alles bewerkstelligte, in Teilzeit! Bei manchen gibt es sich aber bis heute nicht.

Das muss man ja auch nicht provozieren, also: weniger öffentlich posten und gut rasiert am Arbeitsplatz aufschlagen, vielleicht doch schon mal vorab einen Blick in die ungelesenen beruflichen Mails werfen, um sich dem Kollegenniveau zu nähern, und seine Bräune mit

Würde tragen. Ganz kann man die Teilzeit-Freiheit nicht verstecken und soll es ja auch nicht.

Nutzen für den Arbeitgeber

Welche Vorteile hat eine Firma, wenn Sie in Teilzeit gehen, und welche Nachteile ergeben sich vielleicht? Was sind überzeugende Argumente, um Ihren Chef auf Ihre Seite zu ziehen? Denn man sieht sich bekanntlich immer zweimal.

Der wichtigste und unschätzbare Vorteil für Unternehmen ist doch, dass Teilzeitbeschäftigte motivierte, produktive und hochorganisierte Mitarbeiter sind. Wie bereits geschrieben belegen Studien, dass Mitarbeiter in Teilzeit gesünder, motivierter und dadurch auch produktiver werden. Und das wirkt sich meist auch finanziell positiv auf das Unternehmen aus. Und um den Chef von Ihrer Teilzeit zu überzeugen, erinnere ich noch einmal an die Paradebeispiele aus Kapitel 1, die als Argumente für Ihren Antrag dienen können.

Auch das Stichwort »Fachkräftemangel« gewinnt für Firmen an Bedeutung, ja es wird immer drängender. Um es auch an dieser Stelle nochmals deutlich zu unterstreichen: Die Generation Y und wohl auch die folgenden Generationen von Uniabsolventen wählen ihre Arbeitgeber immer gezielter danach aus, ob Teilzeit und flexible Arbeitszeitmodelle möglich sind. Nur Arbeitgeber, die dabei mitziehen, bleiben attraktiv und finanziell erfolgreich. Und nur mit den besten Leuten kann sich ein Unternehmen langfristig am Markt behaupten und Gewinne erzielen.

Hierzulande wird die Robotisierung noch skeptisch beäugt, anders ist es in Asien, dort lieben sie Automation durch Technik. *Die Zeit* machte 2018 mit diesem Thema sogar auf: »Wo bleibt die Arbeit? In 30 Jahren werden Computer einen Großteil der Jobs überflüssig machen – Taxifahrer, Ärzte oder Anwälte wird es kaum noch geben. Eine Katastrophe? Oder eine Verheißung?«[138] Ich sage, es ist eine Herausforderung, aber die Konzerne müssen die Zeichen der Zeit schon heute richtig deuten, und zwar mit Teilzeit! Denn durch die Zunahme der Automatisierung wird die Arbeitskraft Mensch künftig gar keine 8 Stunden mehr pro Tag vonnöten sein, sondern vielleicht nur noch 4 Stunden pro Tag – was ja einem Teilzeitjob mit 50 Prozent entspräche, »halbe Arbeit«. Je früher sich also Unternehmen darauf einstellen, dass die Aufgaben künftig durch Automatisierung und Robotisierung als kleinere und teilbarere Happen definiert werden müssen, desto einfacher wird es sein, diese durch Teilzeitarbeiter erledigen zu lassen. Eventuell hatte Keynes doch recht, dass man nur noch für 15 Wochenarbeitsstunden einen Menschen benötigen werde, er hatte sich lediglich um 30 Jahre vertan. Was ich Ihnen vermitteln will: dass wir mit dem Teilzeitgedanken zukunftsweisend die Arbeitswelt gestalten können.

Viele modellspezifische Nachteile habe ich ja schon in Kapitel 4 aufgeführt. Hier reiße ich sie allgemeiner an. Denn natürlich kann es für die Personalabteilung Ihres Arbeitgebers schwierig sein, qualifizierten Ersatz für Sie als hoch spezialisierten Mitarbeiter zu finden, wenn Sie Teilzeit arbeiten möchten. Aber ohne attraktive Teilzeitmodelle, fürchte ich, werden Ihre Chefs gutes Personal verlieren, nämlich Sie. Gerade hat ein hoch qualifizierter Freund von mir gekündigt, weil er nicht so, wie er es wollte, Teilzeit arbeiten durfte – und er war nicht der Erste in seinem Unternehmen. Irgendwann wird diese Firma bestimmt reagieren müssen. Das ist, wenn der Teilzeittrend anhält, nur eine Frage der Zeit.

Aus Kapitel 1 kennen Sie ja schon das Negativbeispiel eines Altenheims in Göteborg: Dort wurde das Teilzeitmodell eingestellt wegen hoher Kosten, vor allem bedingt durch die Neueinstellungen. Ja klar: Wenn es mehr Teilzeitarbeiter im Unternehmen gibt, müssen mehr Köpfe organisiert werden. Aber es ist doch eine Chance, keine Last.

Sie wissen nun, welche Modelle es gibt, welche Voraussetzungen erfüllt sein müssen, wie Sie einen Antrag stellen, wie Sie Vorgesetzte und Kollegen auf Ihre Seite ziehen, welche finanziellen Auswirkungen

Teilzeit hat und wie Sie diesen durch Sparen und Konsumverzicht aus dem Weg gehen können. Und Sie wissen, dass ich fest davon überzeugt bin, dass auch in Ihnen noch weitere Talente und Potenziale schlummern, die es nur zu entwickeln gilt, mit Teilzeit. Ein paar Prozent Teilzeit-Freiheit, die Ihnen rechtlich zustehen, sind die völlig legale Fluchttür, um aus dem stressigen Arbeitsalltag mal herauszutreten, die Luft der Freiheit und der Selbstverwirklichung zu atmen und Ihrem Leben wieder mehr Glück und Sinn zu geben.

6
Wie Selbstständigkeit in Teilzeit funktioniert

Inzwischen wissen Sie schon fast alles zum Thema Teilzeit und haben vielleicht schon eine Idee, wie Sie sich künftig neben Ihrem Hauptjob verwirklichen wollen. Ein guter Plan wäre beispielsweise, sich selbstständig zu machen und später sogar komplett aus Ihrem bisherigen Job auszusteigen.

Als Inspiration für Ihre Firmengründung erzähle ich Ihnen vorab meine Geschichte, dann ein paar Geschichten von Menschen, die sich aus einem »normalen« Job heraus selbstständig gemacht haben und anschließend glücklicher, erfolgreicher, selbstbestimmter und deshalb auch viel zufriedener wurden. Später erkläre ich Ihnen, was Sie beachten müssen, wenn Sie aus einer Teilzeit heraus den Schritt in die Selbstständigkeit wagen wollen.

Meine Selbstständigkeit in Teilzeit

Ich hatte in all meinen Teilzeitjahren immer Nebentätigkeitsgenehmigungen meines Arbeitgebers. Diese gestatten es mir seit Langem, beispielsweise als Jongleur, Akrobat, Comedy-Kellner, Stelzenläufer und Ballonmodellierer auf unterschiedlichen Veranstaltungen aufzutreten. Da ich ja vor meiner Tätigkeit bei einem Fernsehsender viele Jahre als Hörfunkmoderator tätig war, habe ich natürlich keine Scheu, mal ein Mikrofon auf einer Hochzeit oder einer anderen Veranstaltung in die Hand zu nehmen. Wann bekommt man im normalen 9-to-5-Job schon mal Applaus? Auch wenn ich diese Auftritte nur unregelmäßig mache, sind und bleiben sie eine große Bereicherung für mich. Es ist etwas komplett anderes, auf Stelzen vor vielleicht 100 Menschen zu stehen und sie zu unterhalten, als in einer Konferenz irgendein Thema vorzuschlagen.

Alles fing während meines Zivildiensts an. Ich war Hausmeister in einem Jugendhaus in Augsburg. Damals fuhren wir auf eine Freizeit, und Zivi Axel durfte mit. Dort gab es einen Workshop, in dem man Jonglieren mit selbst gebastelten Bällen aus Sand und Stoff lernen konnte. Ich war fasziniert von der Vielfalt der unterschiedlichen Techniken – und bin bis heute dabeigeblieben und habe mir über die Jahre weitere Jonglierdisziplinen angeeignet. Zu Spitzenzeiten konnte ich fünf Bälle, vier Keulen, zwei Diabolos und einen Devilstick vorführtauglich präsentieren – auch in kleinem Rahmen vor Publikum oder auf der Bühne. Auf dem Einrad fahrend drei Keulen gleichzeitig zu jonglieren oder auf Stelzen über Stunden auf Messen stehen und dabei Hunderte Modellierballons zu falten und zu verschenken – das waren schon ziemliche Hingucker. Bilder davon gibt es auf meiner Künstlerwebseite www.axellent.de. Meine Nebentätigkeiten in Selbstständigkeit sind und waren immer eine Bereicherung. Ich darf außerdem Rechnungen schreiben und kann Kosten beim Finanzamt geltend machen. Geht es noch besser?

Mit Teilzeit und Begeisterung in die Freiheit

Sie müssen nicht unbedingt studiert haben und brauchen kein Diplom, um in einer Selbstständigkeit erfolgreich zu sein – das entgegen allen gängigen Vorurteilen vorweg. Aber es schadet natürlich nicht, ein Studium absolviert oder den Meister gemacht zu haben, zumal es eher auf das Fachwissen ankommt, mit dem Sie sich ein zweites Standbein aufbauen können.

Mein Künstlerpartner Till, mit dem zusammen ich über viele Jahre mit Showauftritten mein Studium finanzierte, finanziert sich fast ausschließlich von seinen Auftritten. Er lebt so selbstbestimmt wie kaum ein anderer Mensch, den ich kenne. Vorher arbeitete er in einem Callcenter und machte dort Telefonmarketing. Aber Till zog es raus: Er wollte unter Menschen sein und durch seine Auftritte Freude bereiten. In den vergangenen 20 Jahren hat er viele Kinderherzen höherschlagen lassen, viele Menschen unterhalten und zum Lachen und Staunen gebracht. Außerdem hatte er noch einen kleinen Onlineshop, über den er Künstler-Equipment verkaufte. Er war fest angestellt, beantragte irgendwann 50 Prozent Teilzeit, machte sich in dieser Phase nebenbei selbstständig und kündigte schließlich seinen Hauptjob.

Der Berliner Thomas B., 48 Jahre, war viele Jahre nach seinem Studium Ingenieur in einer großen Automobilfirma. Aber seine Karriere verlief nicht so, wie er es sich erhoffte. Zwischenmenschlich funktionierte es nicht besonders gut mit seinem Vorgesetzten, sie gerieten wegen Kleinigkeiten immer wieder aneinander. Thomas recherchierte und machte Teilzeit: im ersten Jahr 10 Prozent und, nachdem ihm die Distanz zu seinem Chef guttat, 30 Prozent. Damit hatte er genug Zeit, um sich nebenbei eine Agentur, die Industriedesign für große Firmen entwickelt, aufzubauen, was immer schon sein lang gehegter Wunsch war. Er recherchierte viele Wochen und suchte sich Hilfe, wo er nur konnte. Dann erstellte er einen Businessplan und begann als Ein-Mann-Firma. Heute ist er ein erfolgreicher Unternehmer mit seinem eigenen Start-up. Er hat einen fest angestellten und mehrere freie Mitarbeiter. Seine Designentwicklungen sind international gefragt, der Laden läuft. Wer nicht wagt, der nicht gewinnt. Worauf warten Sie noch?

Glauben Sie an sich! Finden Sie Ihre Bestimmung – Thomas macht es uns vor. Oder Erika B., 34 Jahre, aus Wien: Sie hat ein Geschäft mit frisch gepressten Früchten ins Leben gerufen – den Saftladen nach dem Saftladen. Sie hatte eine Ausbildung in einer Versicherung absolviert, wurde anschließend übernommen und arbeitete jahrelang als Versicherungsfachangestellte in einem großen Unternehmen. Ab und zu half Erika auf einem Wiener Stadtteilmarkt am Stand einer Bekannten aus, wo frische Säfte zubereitet werden. Der Kundenkontakt gefiel ihr, die persönliche Kommunikation mit den Menschen – anders und besser als bei ihr im Büro. Deshalb war sie immer öfter in dem Saftladen zugange. Sie beantragte Teilzeit und konnte nun jeden Tag etwas früher Feierabend machen: zunächst nur 2 Stunden, um auf dem kleinen Markt zu jobben. Als die Bekannte den kleinen Laden aufgeben wollten, bot sie Erika das Geschäft mit den frischen Früchten an. Erika überlegte nicht lange, kündigte und ist nun erfolgreich selbstständig. Der Laden läuft bis heute gut, dank ihrer Begeisterung und der Qualität ihrer Säfte. Und Erika erweitert ihre Produktpalette immer weiter.

Andreas F., 25 Jahre, aus Rapperswil ist ein gutes Beispiel für einen ehrgeizigen Mann, der erst eine Ausbildung zum Automobilkaufmann in einer Kfz-Werkstatt in der Schweiz absolvierte. Während der Ausbildung entdeckte er sein Talent für Design und Fotobearbeitung. Nebenbei lernte er den Umgang mit Photoshop ebenso wie das Handling des Folienplotters und die Herstellung von allen möglichen Druckerzeugnissen. Nach Ende seiner Ausbildung arbeitete er in Teilzeit und auf Stundenbasis weiter in der Werkstatt, um seine Fixkosten zu decken. Gleichzeitig konnte er im Haus seiner Eltern nicht genutzte Kellerräume ausbauen und sich dort eine kleine T-Shirt-Druckerei aufbauen. Das lief so gut, dass er nun fast alles druckt, was der Markt so verlangt. Und heute ist er sogar zu 100 Prozent selbstständig.

Der Bausachverständige Herbert I., 40, hat einen schlauen Weg eingeschlagen: Erst machte er eine klassische Ausbildung zum Zimmermann, danach absolvierte er ein Ingenieurstudium und qualifizierte sich später im Job weiter, unter anderem als Sachverständiger. Nebenbei hat er sich über die Jahre eine kleine Firma aufgebaut. Er arbeitet in seinem Hauptjob in einem Ingenieurbüro in Teilzeit, aber während der freien Zeit verdient er viel Geld mit wenig Aufwand, indem er zum Beispiel Menschen wie mir bei allen statischen Fragen rund um den Hausbau unter die Arme greift. So kann sich Herbert regelmäßig im Homeoffice auch um seine beiden Kinder kümmern – und zwar besser, als wenn er zu 120 Prozent nur im Büro wäre.

Vor- und Nachteile der Selbstständigkeit in Teilzeit

Das waren einige Erfolgsgeschichten, die ich für Sie gesammelt habe, und es gibt noch viele mehr, die ich Ihnen erzählen könnte. Bis Sie nun Ihre eigene Erfolgsgeschichte schreiben können und nebenberuflich loslegen, sollten Sie die Vor- und Nachteile kennenlernen. Zunächst die Vorteile einer nebenberuflichen Selbstständigkeit neben der Teilzeitarbeit im Hauptjob:

- *Testlauf für die Geschäftsidee:* Wenn Sie starten, können Sie fast risikofrei ausprobieren, ob Ihre Geschäftsidee funktioniert und auch genug abwirft. Scheitert sie, haben Sie immer noch den Hauptjob sicher, wenn auch in Teilzeit.
- *Geringes finanzielles Risiko:* Da Sie weiterhin über ein geregeltes Einkommen verfügen, vermindern Sie Ihr Risiko, sich finanziell zu schnell von der nebenberuflichen Selbstständigkeit abhängig zu machen.
- *Hoheit über die eigene Zeit:* Sie haben außerdem mehr Zeit und dadurch insgesamt weniger Druck und können deshalb entspannter in Ihrer Nebenbeschäftigung agieren. Zugleich haben Sie so mehr Luft, um sich in all die vielen Regularien, Formalitäten, Steuerthemen, Rechtsfragen und weitere notwendige Vorbereitungen einzuarbeiten.
- *Alternative zum Hauptjob:* Bei drohender Arbeitslosigkeit im Hauptjob könnten Sie nebenbei Ihre Selbstständigkeit in eine hauptberufliche Tätigkeit ausweiten.
- *Chance auf mehr Geld:* Trägt Ihre Idee, haben Sie sogar die Chance, insgesamt mehr zu verdienen als bisher in Ihrem Hauptjob mit den meist überschaubaren Gehaltsanpassungen alle paar Jahre. Aber Vorsicht: Sobald Sie mit dem Nebenjob mehr verdienen als mit Ihrer Hauptbeschäftigung, ändern sich auch Ihre Versicherungsverhältnisse.

Dem gegenüber stehen natürlich auch einige Nachteile, die ich Ihnen nicht verschweigen will:

– *Doppelbelastung:* Natürlich sind Sie insgesamt stärker belastet, wenn Sie zwei Tätigkeiten gleichzeitig ausüben. Dadurch verfügen Sie erst einmal über weniger Zeit für Ihre Familie, Ihr Privatleben und für Freizeitaktivitäten.
– *Geringere Flexibilität im Hauptjob:* In Ihrer aktuellen Hauptbeschäftigung werden Sie etwas unflexibler und sind für Ihren Chef deshalb nicht mehr so gut planbar wie bisher. Das kann sich negativ auf Ihre Reputation, Ihre Leistungsbewertung und damit Ihre Karriere auswirken.
– *Abhängigkeiten, Verbindlichkeiten und Verpflichtungen:* Auch wenn Sie Hauptjob und Nebentätigkeit gut voneinander trennen, könnte es mögliche Verstrickungen und Abhängigkeiten zwischen beiden geben. Sind Sie nebenbei beispielsweise als Dienstleister auf Projektbasis tätig, werden Ihre Kunden auf vereinbarten Abgabeterminen bestehen und kein Verständnis dafür zeigen, dass Sie noch andere Verpflichtungen in Ihrem Hauptjob haben.

Andreas Lutz und Nadine Luck bestätigen in ihrem Buch *Selbstständig in Teilzeit* diese Vor- und Nachteile. Die Gründe für den Start in die Selbstständigkeit in Teilzeit sehen sie kurz und prägnant wie folgt: »Mehr Flexibilität in Privat- und Arbeitsleben, geringeres unternehmerisches Risiko, Testlauf für die Geschäftsidee, geringer Finanzierungsbedarf, zusätzlicher Verdienst, Selbstverwirklichung, mehr Sicherheit.«[139]

Mit einer Unternehmensgründung liegen Sie übrigens ebenso voll im Trend wie schon beim Thema Teilzeit, wie Sie bereits in Kapitel 1 gelesen haben. Noch 2015 gab es rund 760.000 Existenzgründer – fast zwei Drittel von ihnen starteten ihre Unternehmung als Nebenerwerb, also in Teilzeit. Aufgrund der guten Konjunktur mit entsprechend lukrativen Jobangeboten sank die Zahl der Gründer im Jahr 2017 zwar deutlich auf immer noch 557.000, trotzdem bestätigt der

KfW Gründungsmonitor, der die Gründerszene in Deutschland beobachtet, die große Bedeutung der nebenberuflichen Selbstständigkeit. So finden mittlerweile deutlich über die Hälfte aller Gründungen in Form der nebenberuflichen Selbstständigkeit statt.[140] Insbesondere für Frauen ist die Nebenerwerbsgründung die bevorzugte Art, in die Selbstständigkeit zu starten.

Nebenberuflich selbstständig

Dass es sich lohnen kann, nebenbei etwas dazuzuverdienen, haben Sie zu Beginn des Kapitels bereits gelesen. Die Vor- und Nachteile sind Ihnen ebenso bewusst, und Sie kennen den Trend, sich besonders in unsicheren Zeiten ein zweites Standbein aufzubauen. Doch je besser die allgemeine Lage der Wirtschaft ist, desto weniger ist das eigentlich erforderlich – aber langfristig betrachtet bleibt die Konjunktur schwankend.

Je besser es der Wirtschaft geht, desto einfacher können Sie vielleicht Ihre Waren und Dienstleistungen vermarkten. Aber zugleich sind dann auch die Marketingkassen Ihrer Mitbewerber gut gefüllt, und Ihre Konkurrenten können sich deshalb besser am Markt durchsetzen. Dafür sind die Zinsen niedrig, wodurch Sie möglicherweise zu günstigen Konditionen an Geld kommen könnten, falls Banken Ihre Idee unterstützen. Sprich: Es gibt keine Garantien, dass genau Ihre Selbstständigkeit gelingen wird – weder in wirtschaftlich guten noch in schwierigen Zeiten–, aber einen Versuch mit der Sicherheit eines Teilzeitjobs als Back-up kann es allemal wert sein.

Damit Sie keine Bruchlandung hinlegen, gehen wir die wichtigsten Aspekte durch, mit denen Sie Erfolg bei Ihrer Firmengründung haben:

- *Sind Sie der Typ für eine nebenberufliche Selbstständigkeit?* Es fängt mit Ihrer aktuellen Fitness an, denn Sie müssen davon ausgehen, dass Sie in den ersten Monaten, vielleicht sogar Jahren, sehr viel leisten und auch auf Freizeit oder Urlaub verzichten müssen. Und es hört damit auf, dass Ihr soziales Umfeld Ihre selbstständigen Gehversuche mittragen muss, sprich: Hält Ihre Familie Ihnen den Rücken frei, kann Ihnen mit Rat und Tat zur Seite stehen oder eventuell auch mal finanziell unter die Arme greifen?

– *Welches Kapital bringen Sie mit?* Damit meine ich nicht nur ein gutes finanzielles Polster, sondern all das, was Ihnen dabei hilft, unternehmerisch erfolgreich zu sein, beispielsweise Kontakte zu potenziellen Auftraggebern, Kunden, Händlern, Lieferanten, also einem beruflichen Netzwerk. Zum Kapital zähle ich aber auch Patente, Namensrechte, geschützte Ideen, Nutzungsrechte, Gebrauchsmuster und natürlich auch Ihr persönliches Know-how, Ihr Wissen, Ihre Ausbildung und Ihre Talente. Gut ist, wenn Ihre bisherige berufliche Tätigkeit zu der von Ihnen geplanten Selbstständigkeit passt oder diese sinnvoll ergänzt.
– *Trägt Ihre Geschäftsidee überhaupt?* Welche Ideen sich am Markt bewähren werden und ob Sie damit Erfolg haben, ist schwer zu beurteilen. Von der Idee bis zur Umsetzung ist es meist ein ziemlich langer Weg, deshalb braucht es eine gründliche Vorbereitung. Aber von anderen Gründern lernen und sich inspirieren lassen schadet ja nicht, wie die Gründershow *Die Höhle der Löwen* im Fernsehen demonstriert. Ich habe daraus gelernt, dass für richtig viel Erfolg ein Produkt oder eine Dienstleistung skalierbar sein und damit für viele andere Menschen interessant sein sollte, Dinge des täglichen Bedarfs etwa. Nicht skalierbare Angebote sind hingegen beispielsweise die von Hand hergestellten Werke eines Künstlers – da müssen Sie immer selbst ran und die Kunden persönlich versorgen.
– *Können und wollen Sie alleine ein Unternehmen aufbauen?* Sie müssen natürlich nicht zwingend eine One-Man-Show mit Ihrer Firmengründung hinlegen, Sie können sich mit anderen zusammentun und gemeinsam eine Firma gründen. Damit verteilen Sie das unternehmerische Risiko auf mehrere Köpfe und kombinieren zudem

unterschiedliche Talente. Aber Sie sind dann auch nicht mehr der einzige König in Ihrem neuen Reich und müssen sich bei allen wichtigen Fragen mit einem Partner abstimmen. Und oft genug droht leider auch der Streit ums liebe Geld.

Ein Unternehmen zu gründen war noch nie so einfach wie heute. Denn dank Internet und Mobilfunk, die quasi an jedem Ort der Welt verfügbar sind, können Sie am Strand unter Palmen sitzen und nebenbei Geld verdienen. Sie müssen nicht mehr unbedingt dauerhaft vor Ort in einem staubigen Büro ausharren, um ein Business zu betreiben. Dabei kommen Ihnen die vielfältigen Absatzwege im Internet zugute – denn auch Ihre Kunden können überall auf der ganzen Welt zu finden sein.

Ihr persönliches Ziel könnte dabei auch sein, Ihren Bewegungsradius zu vergrößern, indem Sie sich eine Selbstständigkeit aufbauen, bei der Sie nicht mehr vor Ort sein müssen. Ein Bekannter von mir besitzt den Pilotenschein und hat mir das mal so erklärt: Tankt er seinen kleinen Flieger voll, kann er damit 500 Kilometer weit vom Startflughafen wegfliegen. Bis zu 250 Kilometer kann er sich also entfernen, bis er wieder umdrehen muss und der »Point of no Return« erreicht ist. Bei unseren normalen Jobs ist es ähnlich: Zwischen Feierabend und dem nächsten Morgen können Sie sich zwar von Ihrem Arbeitsort entfernen, aber auch hier gibt es einen Punkt, an dem Sie spätestens umkehren müssen, um pünktlich wieder am Arbeitsplatz zu sitzen und mit Anwesenheit zu glänzen.

Arbeiten Sie allerdings wie ich in dem Teilzeitmodell 3-Wochen-Arbeit-1-Woche-Freiheit, können Sie sich in der Teilzeitwoche schon wesentlich weiter von der Firma entfernen als nur übers Wochenende. Schaffen Sie es, sich eine Selbstständigkeit aufzubauen, bei der Sie zum Beispiel alles übers Internet abwickeln, sind Sie beinahe überhaupt nicht mehr ortsgebunden – abgesehen vielleicht von einem Briefkasten und irgendeiner Anschrift, die Sie sich aber auch bei Familie oder Freunden organisieren könnten.

So viel Freude eine nebenberufliche Selbstständigkeit bringen mag – auf dem Weg dahin gibt es allerlei Detailfragen zu klären und Hürden zu nehmen. Es schadet deshalb nichts, sich fachkundige Unterstützung zu holen, beispielsweise kostenfrei von der IHK (www.ihk.de), den Handwerkskammern (www.zdh.de) und der Arbeitsagentur (www.arbeitsagentur.de) oder kostenpflichtig von spezialisierten Beratern. Auch das Bundeswirtschaftsministerium stellt ein Existenzgründerportal bereit (www.existenzgruender.de). Außerdem gibt es sehr viel Literatur, Internetseiten, Kurse und Seminare zum Thema Existenzgründung in Teilzeit.

Hilfe bei der Erarbeitung von Businessplänen, Unterstützung beim Marketing, Vertrieb über Finanz- und Rechnungswesen bis hin zur Unterstützung bei Fragen zu Personal und Organisation bietet die Bundesarbeitsgemeinschaft Alt hilft Jung (www.althilftjung.de): Ehemalige Fach- und Führungskräfte aus der Wirtschaft leisten hier Hilfe zur Selbsthilfe bei Existenzgründungen. Nehmen Sie all diese Hilfen an, damit Ihr Projekt erfolgreich wird.

In Österreich gibt es einen Gründerservice der Wirtschaftskammern (www.gruenderservice.at), der unter anderem speziell für Teilzeit nützliches Wissen bereithält.[141] Dort finden Sie außerdem weiterführende Informationen zu Gründungsgeldern der Förderbank der österreichischen Wirtschaftskammern.[142]

In der Schweiz existieren nur verhältnismäßig wenig direkte Finanzhilfen für Unternehmen. Der schweizerische Bund und die Kantone konzentrieren ihre Anstrengungen auf die Schaffung von positiven Rahmenbedingungen.[143] Eine Selbstständigkeit im Nebenerwerb, also in Teilzeit, wird auch auf der Internetseite www.gruenden.ch als vergleichsweise risikoarmer Weg beschrieben.[144] Dort finden Sie auch weitergehende Informationen, beispielsweise einen Link zu einer Checkliste zur selbstständigen Erwerbstätigkeit der Sozialversicherungsanstalt des Kantons Zürich.[145]

Egal, ob Sie sich in Österreich, der Schweiz oder Deutschland nebenbei selbstständig machen wollen, möchte ich gerne die Autoren des Buches *Nebenbei selbstständig* zitieren. Sie haben folgende Erfolgskriterien aufgestellt, die ich hier verkürzt darstelle und als Fragen umformuliere:

- Verträgt sich Ihr Hauptjob mit der Gründung?
- Haben Sie Mut, einen langen Atem, einen starken Willen und Gründergeist?
- Funktioniert Ihre Idee in Teilzeit?
- Stehen Sie finanziell auf sicheren Füßen?
- Ist Ihre Idee ausbaufähig?
- Sind Sie gut organisiert und haben kaufmännische Grundkenntnisse?
- Sind Sie ein Netzwerker?
- Können Sie sich leicht entscheiden?
- Steht Ihre Familie hinter Ihnen?
- Denken Sie langfristig?

Können Sie obige Fragen überwiegend mit Ja beantworten und sind Sie hinreichend inspiriert, Ihr eigener Teilzeitchef zu werden? Gut so. Denn das Ziel bleibt: Ihr aktuelles Leben zu verbessern – mit weniger Pflicht und mehr Kür. Schaffen Sie sich deshalb jetzt ein Leben, auf das Sie mal mit 70 oder 80 Jahren gerne zurückblicken und stolz sein können – und vielleicht sogar etwas an die nachfolgende Generation weitergeben können!

Auch Martin Cordsmeier fordert in seinem Buch *Nimm dir das Leben, das du wirklich willst*: »In Zukunft sollte es nicht einen ›Beruf‹ und eine ›Freizeit‹ geben, sondern ein Leben!« Und er plädiert dafür, seine Talente und Potenziale zu entdecken – um das zu tun, was wir dann nicht mehr als Arbeit empfinden. Das Gegenteil beschreibt er so: »Wenn uns eine Aufgabe nicht glücklich macht, können wir sie noch so gut beherrschen – wenn der Antrieb nicht stimmt, werden wir immer schlechter darin.«[146] Bingo!

Suchen Sie sich für Ihre Selbstständigkeit also idealerweise eine Tätigkeit, die Sie mit Freude ausüben. Wenn Sie im sogenannten Flow sind, werden Sie gar nicht mehr merken, dass es sich um »Arbeit« handelt. Aller Anfang ist schwer, auch bei der nebenberuflichen Existenzgründung mit einem beliebigen Teilzeitmodell.

Nebentätigkeiten immer anmelden

Eine neue Einkommensquelle als Berater in einem Musikladen, als Gärtner auf einem Biobauernhof, als Laiendarsteller im Stadttheater, ein Ehrenamt in einer sozialen Einrichtung ausüben oder wo immer Sie mal arbeiten wollten: Neue Dinge sind zunächst einmal schwierig, bevor sie einfach werden. Es gibt zahlreiche Bücher über das Thema Selbstständigkeit – deren Lektüre ich Ihnen unbedingt empfehle. Hier konzentriere ich mich auf alle Fragen, die für Teilzeitbeschäftigte, die sich selbstständig machen, relevant sind.

– *Was bedeutet eigentlich »nebenberufliche Selbstständigkeit« ganz genau?* Nebenberuflich selbstständig sind Sie, wenn Sie pro Woche nicht mehr als ein Drittel der Arbeitszeit in die Selbstständigkeit investieren, als Sie für einen vergleichbaren Vollerwerb aufbringen würden.[147] Als groben Richtwert kann man weniger als 15 Arbeitsstunden pro Woche für die selbstständige Tätigkeit rechnen. Zudem darf das Einkommen aus der Selbstständigkeit Ihr Einkommen im Hauptjob nicht übersteigen. Fordert Ihr Nebenjob mehr Zeit oder verdienen Sie mit der Nebentätigkeit plötzlich mehr Geld als im Hauptberuf, gibt es Änderungen bei der Sozial- und Krankenversicherung.
– *Haben Sie sich eine Nebentätigkeitsgenehmigung von Ihrem Arbeitgeber besorgt?* Sie sollten sich unbedingt eine Genehmigung für Ihre Nebenbeschäftigung holen. Das ist wichtig, damit Sie Ihren Hauptjob nicht gefährden. Eine Nebentätigkeit ist grundsätzlich eine berufliche Aktivität außerhalb Ihres Hauptarbeitsverhältnisses. Klassisch handelt es sich dabei um kleinere Beschäftigungen mit ein paar Stunden in der Woche oder im Monat und in einem völlig anderen

Bereich. Zum Beispiel verkaufen Sie als Bankkauffrau samstags Blumen im Laden um die Ecke, halten Fitnesskurse im Sportklub oder geben Schülern Nachhilfe. Möglich ist aber, sich als Nebentätigkeit eine Selbstständigkeit aufzubauen.

– *Muss ich eine Nebentätigkeit anmelden?* Ich empfehle Ihnen, unabhängig davon, ob Ihr Arbeits- oder Tarifvertrag eine Anmeldung vorschreibt, Ihren Arbeitgeber immer schriftlich und frühzeitig darüber zu informieren, dass Sie sich nebenbei noch etwas aufbauen oder dazuverdienen wollen. Und bitte stellen Sie für jede Ihrer Tätigkeiten einzeln einen Antrag, falls es sich um mehrere handeln sollte.
– *Ist eine Nebentätigkeit erlaubt?* Es kommt hierbei beispielsweise auf die Art und den Umfang der Tätigkeit an. Eine Nebentätigkeit ist nicht grundsätzlich verboten. Was Sie in Ihrer Freizeit anstellen, ist grundsätzlich Ihre freie Entscheidung. Es sei denn, es handelt sich um eine Konkurrenztätigkeit zu Ihrem Hauptarbeitgeber, oder der Umfang der Nebentätigkeit sprengt die Grenzen des Arbeitsgesetzes. Hier dürfen bei einer 6-Tage-Woche kurzfristig maximal 60 Stunden, in der Regel aber nur bis zu 48 Stunden gearbeitet werden.
– *Welche Konsequenz könnte eine unangemeldete Nebentätigkeit haben?* Hier kommt es darauf an, ob die Nebentätigkeit zulässig oder unzulässig ist. Bei einer zulässigen Nebentätigkeit müssen Sie sich womöglich wegen des Versäumens der Informationspflicht, falls diese in Ihrem Arbeitsvertrag steht, verantworten. Bei einer unzulässigen Nebentätigkeit wird es für Sie gefährlich: Es drohen arbeitsrechtliche Konsequenzen wie eine Abmahnung oder gar eine Kündigung.
– *Worauf ist bei Nebentätigkeiten zu achten?* Problematisch wird es, wenn Sie im Zweitjob auch am Sonntag arbeiten und keinen Ersatzruhetag haben. Außerdem müssen die vorgeschriebenen Ruhezeiten – die auch in Ihrem Arbeits- oder Tarifvertrag geregelt sein können – vor Beginn des Hauptberufs eingehalten werden. Außerdem dürfen Sie Ihre Nebentätigkeit nicht während der Hauptar-

beitszeit ausüben, geschweige denn während Ihres Urlaubs oder einer Krankheitsphase.

Formulare für den Antrag auf eine Nebentätigkeit bekommen Sie sicherlich von Ihrer Personalabteilung. Über die Jahre wurden diese Anträge immer detaillierter und länger – zumindest war das bei mir so. Angeben müssen Sie Punkte wie etwa:[148]

- Jobbezeichnung und Position, Name und Anschrift des Antragsstellers,
- Firma und Adresse des Arbeitgebers,
- Art der Nebentätigkeit oder Ehrenamt,
- zeitlicher Aufwand pro Monat,
- Dauer der Nebentätigkeit,
- Einnahmen aus der Nebentätigkeit,
- Auftraggeber,
- Konkurrenzverhältnis des Auftraggebers zur eigenen Firma,
- Ort, Datum und Unterschriften beider Seiten.

Anträge auf Nebentätigkeiten werden regelmäßig verlängert beziehungsweise inhaltlich überprüft – ob zum Beispiel die Höhe der Einkünfte aus der Nebentätigkeit inzwischen 30 Prozent vom Einkommen im Hauptjob übersteigen. Ich bekomme jedes Jahr eine Anfrage aus der Personalabteilung, ob meine beantragten Nebentätigkeiten noch aktuell sind oder ob sie sich verändert haben. Melden Sie zum Beispiel eine Tätigkeit als Reisebuchautor an, kann es ja sein, dass Sie damit einen Bestseller landen und dann Ihrem Arbeitgeber natürlich mitteilen müssen, falls die Einkünfte aus Ihrem Buch von den ursprünglich erwarteten Einkünften abweichen.

Zum Schluss habe ich noch eine Leseempfehlung der IHK Leipzig: In einer Broschüre zur »Gründung im Nebenerwerb« finden Sie auf wenigen Seiten nochmals alle wissenswerten Informationen übersichtlich zusammengestellt.[149]

Vorsicht vor Scheinselbstständigkeit!

Mit Scheinselbstständigkeit ist der Missbrauch des Status als Selbstständiger durch eine abhängige Beschäftigung gemeint, die als selbstständige Tätigkeit getarnt ist – um etwa Sozialabgaben zu sparen, den Mindestlohn zu umgehen, den Kündigungsschutz auszuhebeln. Bei Unstimmigkeiten entscheidet meist Ihre Krankenkasse, im Zweifelsfall auch die Rentenversicherung, ob Sie scheinselbstständig oder abhängig beschäftigt sind. Die Aberkennung der Selbstständigkeit kann Nachzahlungen bei steuerlichen Pflichten und auch in versicherungstechnischer Sicht zur Folge haben – und damit auch für Sie teuer werden.[150]

Es gibt einige Warnzeichen für eine Scheinselbstständigkeit: Sie müssen aufpassen, dass Sie beispielsweise nicht nur einen einzigen Auftraggeber in Ihrer neuen Selbstständigkeit haben oder den überwiegenden Teil Ihrer Einnahmen nur von einem Kunden erhalten. Außerdem sollte es im Unternehmen des Auftraggebers keine Arbeitnehmer geben, die dort dasselbe wie Sie als ganz normale Beschäftigte tun. Wichtig ist außerdem, dass Sie gegenüber Ihrem Auftraggeber nicht weisungsgebunden sind und auch nicht in seine Arbeitsorganisation eingegliedert sind. Passen Sie also auf und nehmen Sie das Thema Scheinselbstständigkeit nicht auf die leichte Schulter.

Unterschätzen Sie bitte nicht, wenn Sie aus Ihrer aktuellen Job-Komfortzone austreten, dass alles zunächst schwieriger wird – und definitiv anders als bisher gewohnt. Aber Sie wollen ja, dass sich etwas ändert! Sind Sie allerdings mit einer guten Geschäftsidee am Start, haben sich genau informiert, haben einen Businessplan, haben einen Steuerberater oder andere Experten zurate gezogen und sind willens, Ihre Ideen umzusetzen, dann tun Sie es! Denn es ist gut möglich, dass Sie damit erfolgreicher, selbstbestimmter und glücklicher leben als in einem Angestelltenverhältnis – selbst wenn es nur in Teilzeit ist.

7
Was nach der Teilzeit möglich ist

Teilzeit muss und sollte keine Entscheidung für das ganze Berufsleben sein. Manchmal ist die Teilzeitphase begrenzt, weil etwa die Kinder zwischenzeitlich groß geworden sind, manchmal erweist sie sich nicht als sinnvoll, manchmal fehlt das Geld und manchmal scheitert auch die Idee dahinter. Welche Möglichkeiten gibt es also nach der Teilzeit? Welche Wege stehen Ihnen offen? Teilzeit oder Vollzeit oder Vollzeit-Teilzeit oder Teilzeit-Vollzeit-Teilzeit?

Teilzeitarbeiter bleiben

Jede Teilzeit sollte anfangs befristet sein sowie eine vertraglich vereinbarte Rückkehroption beinhalten, wenn Sie sich an meine Ratschläge halten. Durch die Brückenteilzeit ist das ab 2019 endlich einfacher geworden. Andernfalls bleiben Sie eventuell dauerhaft auf dem Teilzeitniveau hängen, was es tunlichst zu vermeiden gilt, es sein denn, Sie wollen es so. Aber Sie verlieren dadurch eine wichtige Entscheidungsoption: die Möglichkeit, irgendwann einmal wieder 100 Prozent zu arbeiten – die bekannte Teilzeitfalle. Kurz vor Ablauf der befristeten Teilzeit müssen Sie sich so oder so entscheiden, ob Sie Ihre Teilzeit unverändert verlängern oder anpassen wollen – oder wieder Vollzeit arbeiten. Reden Sie auf jeden Fall mit Ihrer Personalabteilung frühzeitig über Ihre Wünsche.

Wenn Sie beim gewählten Teilzeitumfang bleiben wollen, sich nach reiflicher Überlegung dazu entscheiden und es für Sie in Ordnung ist, auf Dauer mit einer verringerten Arbeitszeit zu leben, gehen Sie einen Weg, der Ihnen viel positive Energie und Zeit schenken wird. Vielleicht schaffen Sie es sogar mit halber Arbeit und mit ganzem Leben? Und wie Sie in diesem Buch ja gesehen haben: Auch die vollzeitnahen Reduzierungen sind schon ziemlich attraktiv.

Zurück in die Vollzeit

Nun gibt es endlich ab 2019 in Deutschland ein gesetzlich geregeltes Rückkehrrecht von Teilzeit wieder zur Vollzeit, wenn auch mit Auflagen. In Österreich steht es nicht im Gesetz und in der Schweiz ist es nicht explizit für Teilzeit geregelt. Hier kann es aktuelle Änderungen geben, die Sie entweder auf der Webseite zum Buch www.halbearbeitganzesleben.de nachlesen können oder in Ihrer Personalabteilung erfragen können. Bislang war es so – also für alle, die vor 2019 Teilzeit beantragt haben –, dass Sie als Teilzeitkraft lediglich verlangen konnten, im Unternehmen bei der Vergabe einer entsprechenden Vollzeitstelle bevorzugt berücksichtigt zu werden. Voraussetzung war hierfür, dass Sie und Ihre möglichen Mitbewerber die gleiche Eignung haben und die Arbeitswünsche von anderen Kollegen in Teilzeit Ihren Wünschen nicht entgegenstehen.[151]

Zurück in die Vollzeit ist auf jeden Fall ein sicherer Weg, um Ihre Teilzeitphase abzuschließen und sich ein paar Gedanken zu machen: Hat Ihnen die Teilzeit gefallen? Sind Sie mit dem Geld zurechtgekommen? Können Sie sich Teilzeit auch in Zukunft leisten? Gab es in den Freiphasen Projekte, die Sie weiterhin verfolgen möchten?

Nach 6 Jahren Teilzeit musste auch ich damals wieder zurück in die Vollzeit, um den Anspruch, jemals wieder 100 Prozent arbeiten zu dürfen, nicht zu verlieren. Diese Regelung galt in meinem Unternehmen, kann aber von Firma zu Firma unterschiedlich sein. Für mich war es jedenfalls eine ziemliche Umstellung. Denn was einem beim Eintritt in die Teilzeit abhandenkommt, fliegt einem wie ein Bumerang mit einer jahrelangen Verzögerung wieder um die Ohren: Aufmerksamkeit! Interesse! Gesprächstermine! Mittagessensverabredungen! Kaffeetrinktreffen! Meetingitis! Stehungen! Konspirativrunden! Sitzungsmarathons! Reportbriefings! Kritisches Nachgefrage! Rundummails! Telefontalks! Gruppenlaufwerksverknüpfungen! Ordnerfreigaben! Kalenderfreischaltungen! Notizbuchgekritzel! Smallrumgetalke! Aufdemganggeklüngel! Personalentwicklungsprogramme! Aufzugkurzgespräche! Gehaltsverhandlungsrunden! Feedbackgespräche! Hauspostumschlagskorrespondenz! Und so weiter und so fort.

Sie verpassen also eigentlich nichts, wenn Sie mal ein paar Jahre Teilzeit machen. Danach kommt alles wieder zurück – das Positive wie leider auch das Negative! Ja, ich habe diese Zuwendung von Vorgesetzten und Kollegen vergessen, zwar nicht besonders vermisst, aber wirklich auch wieder geschätzt. Zuvor hatte ich die fehlende berufliche Zuwendung gut durch private Kontakte kompensieren können, wenn nicht sogar vervielfachen – da ich ja mehr Zeit hatte, auf neue Menschen zuzugehen oder vorhandene Beziehungen zu vertiefen. Allein um diese berufliche Aufmerksamkeit wieder schätzen zu lernen, sollte eigentlich jeder einmal eine Weile Teilzeit arbeiten – egal in welchem Umfang, zum Beispiel nur mit einer Reduzierung um 5 Prozent.

Die Vollzeitphase ist geprägt von Informationsüberfluss, Terminen, Gequatsche, Mittagessensverabredungen, Mitarbeitergesprächen, Weiterbildungen, Flurfunk, Lästereien, Getuschel, Schichtarbeit, »Was machst du denn jetzt eigentlich genau?«-Fragen, Updates und so weiter, die man in der Teilzeitphase nicht mitbekommen hat. Und bei all dem Beschäftigtsein: Man ist gar nicht mehr so leicht erreichbar, weil man in Meetings steckt, eine Dienstreise unternimmt oder Ähnliches. Aber zugleich erweitern sich das eigene kleine Teilzeittätigkeitsfeld und die Aufgaben sprunghaft – man darf auf Schulungen und bekommt neue Verantwortungsbereiche übertragen. Und letztlich ist auch dies ein Vorteil: Vollzeit füllt das Konto wieder auf, falls das nach der Teilzeitphase notwendig sein sollte.

Und manchmal tut es einfach nur gut, sich wieder in einem etwas festeren Trott zu befinden. Vollzeit diszipliniert das Leben, gibt Halt und Struktur. Denn als Teilzeitarbeitnehmer hat man in der Freiphase oft zu viel Zeit und lebt so in den Tag hinein, der Schlendrian stellt sich gerne ein. Macht man längere Zeit mal weniger, gewöhnt man sich an den Müßiggang – der sogenannte Teilzeit-Müßiggang beziehungsweise Ferieneffekt, den ich schon in Kapitel 2 ausführlich beschrieben habe. Vollzeit bedeutet demnach wieder mehr Zug im Leben, mindestens einen vorgesetzten Kontrolleur, ein Team von neugierigen Kollegen und einen strammen aufoktroyierten Fahrplan: aufstehen, anziehen, fertig machen, ab in den Job.

Aber schon nach kurzer Zeit ist es möglicherweise wieder so, wie es schon einmal war. Die Gründe, weswegen man Teilzeit beantragt hatte, kehren schnell zurück. Deshalb lautet mein Fazit nach der Rückkehr in die Vollzeit: Teilzeit ist erstrebenswert, ist lebenswert und ist mit einer selbstständigen Selbstverwirklichungstätigkeit – einem Flow-Job – um vieles besser!

Vollzeit-Teilzeit – 100 Prozent Teilzeit

100 Prozent Teilzeit – das heißt, Sie verlassen Ihren bisherigen Job komplett oder legen ihn auf Eis. Sie kündigen, lassen sich freistellen oder nehmen sich unbezahlten Urlaub. So schaffen Sie sich den Freiraum, den Sie benötigen, um sich beispielsweise selbstständig zu machen, Ihren Wohnsitz ins Ausland zu verlegen, sich auf die große Weltreise zu begeben, den Jakobsweg komplett entlangzupilgern oder was auch immer.

100-Prozent-Teilzeit bedeutet also: Raus aus dem aktuellen Job und rein in etwas völlig Neues! Vielleicht machen Sie es wie ein Freund von mir, der eine einjährige Vollzeit-Teilzeit-Phase hatte. Nach einem Jahr war er selbstständiger Unternehmer mit einer eigenen Firma, die bis heute Gewinne abwirft. Auf einer Reise habe ich vor einigen Jahren einen Engländer kennengelernt, der sich aus einer Vollzeit-Teilzeit heraus in Thailand einen Job in einer großen Einzelhandelskette suchen konnte. Nun lebt und arbeitet er von Arbeitsvisum zu Arbeitsvisum glücklich in Bangkok. Und ein anderer Bekannter von mir reist nun schon im zehnten Monat mit dem Rucksack und Gitarre quer durch Südamerika, nachdem er sich für eine 100-Prozent-Teilzeit-Geschichte zwischen zwei Arbeitsverträgen begeistern konnte. Und eine befreundete Köchin ging für einen einjährigen Vollzeit-Teilzeit-Abschnitt auf ein großes Segelschiff, um dort für die Gäste zu kochen und ganz nebenbei die Welt zu sehen. Vollzeit-Teilzeit erfordert viel Mut, da man von heute auf morgen alles ändert. No risk, no fun!

»Touch and go« zur neuen Teilzeit – Teilzeit-Vollzeit-Teilzeit

»Touch and go« ist ein Begriff aus der Luftfahrt: Ein Flugzeug setzt kurz auf dem Boden auf und startet direkt wieder durch in den Flug. Übertragen auf Teilzeit bedeutet das, dass es völlig legitim ist, nach dem Ablauf einer ersten Teilzeitphase wieder Vollzeit zu arbeiten und dann einen neuen Antrag auf Teilzeit zu stellen. Die Touch-and-go-Phase unterbricht quasi die Teilzeit und erlaubt Ihnen, die Option auf 100 Prozent aufrechtzuerhalten, was in den meisten Fällen sicher sinnvoll ist – es sei denn, Sie wissen von vornherein, dass Sie in Ihrem aktuellen Job nie wieder Vollzeit arbeiten möchten, weil Sie sich beispielsweise selbstständig machen.

Wie schnell Sie wieder einen Antrag auf Teilzeit stellen dürfen, ist abhängig von den Regelungen Ihres Arbeitgebers. Und – wie Sie schon aus Kapitel 5 wissen – wer schon einmal die Stunden verringert hat, kann es eigentlich erst wieder nach Ablauf von 2 Jahren verlangen, noch weniger Stunden zu arbeiten. Aber in manchen Konzernen wird das lockerer gehandhabt. Touch and go bedeutet also ganz konkret für Sie: Sie arbeiten weiterhin in Teilzeit, behalten aber langfristig die Option auf eine Anstellung in Vollzeit.

Meine längste Teilzeit-Strecke war bislang 6 Jahre am Stück, in der ich alle Kontinente bereisen konnte und nur noch halb arbeitete. Nach einer Touch-and-go-Phase lebte ich erneut in Teilzeit mit einer von Anfang an definierten Gesamtdauer von 3 Jahren. Und während meiner ersten Berufsjahre hatte ich auch schon mal für 2 Jahre ein Teilzeitmodell, um an der Universität in Dortmund zu promovieren. Diese Touch-and-go-Phase, also die Teilzeit-Pause, umfasste mehrere Jahre.

Neue Arbeit braucht das Land!

Unabhängig davon, wofür Sie sich entscheiden, ob für Vollzeit, Teilzeit oder Selbstständigkeit: Wir brauchen viel mehr Flexibilität auf unseren Arbeitsmärkten, in den Unternehmen und in den Köpfen all derer, die die Aufgaben in den Firmen organisieren.

Bei Tarifverhandlungen – das habe ich in Kapitel 1 bereits gezeigt – wird schon heute weniger um Löhne gestritten, sondern es geht eher um Fragen der Arbeitszeit.[152] Unterstützt werden solche Forderungen durch die Kommission »Arbeit der Zukunft«, die eine stärkere Arbeitszeitsouveränität der Beschäftigten empfiehlt. Ziel ist, dass Firmen und Mitarbeiter die Arbeitszeit gemeinsam aushandeln können.

Viele Firmen haben zudem erkannt: Teilzeit sticht Bonuszahlungen. Teilzeit in Kombination mit flexiblen Arbeitszeiten erweist sich als handfester Vorteil, um Fach- und Führungskräfte auf dem hart umkämpften Arbeitsmarkt anzuwerben. Denn schon heute gewinnt man talentierte Nachwuchsfachkräfte nicht allein über finanzielle Aspekte, sondern eben über flexible Arbeitszeitmodelle, die eine gute Work-Life-Balance ermöglichen. Kein Wunder, dass deutlich über 50 Prozent der Befragten einer Studie des Kienbaum Instituts mit Hochschulabsolventen der Generation Y eine ausgeglichene Work-Life-Balance als zweitwichtigstes Entscheidungskriterium bei der Stellensuche nannten.[153] Man wird also nicht umhinkommen, die strikten 9-to-5-Modelle aufzulockern und den Mitarbeitern mit familienfreundlichen Arbeitszeitmodellen entgegenzukommen, um das bisherige Personal halten und neue Talente rekrutieren zu können.

Denn unterschiedliche Lebensphasen erfordern unterschiedliche Modelle, mithilfe derer wir entscheiden, wie wir mit unserer knappen Lebenszeit umgehen. Wir brauchen weniger Starrheit und mehr

Flexibilität! Wir brauchen besser teilbare Aufgaben, mehr Homeoffice und Telearbeitsplätze. Wir wünschen uns weniger Tage in der Firma, mehr zu Hause, mehr Abwechslung vom Arbeitsplatz. Wir brauchen einfach viel mehr Teilzeit-Jobangebote auf dem Arbeitsmarkt! Da sind Politik, Gewerkschaften und Unternehmen gleichermaßen gefordert.

Die Victoria-Versicherung, die Sie ja aus Kapitel 4 kennen, hat diesen Wandel schon 2004 beispielhaft in die Wege geleitet. Sie fasst ihr Teilzeit-auf-Probe-Modell für die 539 Mitarbeiter wie folgt zusammen:

> »Familienfreundliche Personalpolitik rechnet sich. Dies zeigt das Beispiel Arbeitszeitflexibilisierung, das den Schwerpunkt auf die lebensphasenbezogenen Bedürfnisse der Mitarbeiter setzt. Ebenso führt die Reduzierung der Arbeitszeit zum sozialverträglichen Personalkostenabbau. Die Mitarbeiter erfahren zudem die Möglichkeit einer familienfreundlichen Arbeitszeitgestaltung. Die Reduzierung der Arbeitszeit kann phasenweise vollzogen werden, entsprechend der persönlichen Lebensphasen. Neben den wirtschaftlichen Ergebnissen sind daher Motivation, Zufriedenheit, Sicherheit und Loyalität bei den Mitarbeitern ein wichtiger Gewinn für die Victoria. Für ein Unternehmen, das zukunftsweisend denken muss, ist dies ein wichtiger Faktor, da durch die demografische Entwicklung jeder Mitarbeiter eine wertvolle Ressource und damit ein unbedingt zu haltendes Potenzial für den Arbeitgeber sein wird. So rechnet sich jede Maßnahme, die den Mitarbeitern eine Work-Life-Balance bietet. Die Zufriedenheit, die Motivation und die Loyalität der Mitarbeiter sind dann mehr denn je das Fundament der Unternehmenskultur und die Garantie für den Erfolg des Unternehmens.«[154]

Noch vor gar nicht so langer Zeit war es quasi undenkbar, dass man in Teilzeit arbeitet oder am Samstag freihat. Es hat viele Arbeitergenerationen gebraucht, bis das völlig normal wurde. Genauso normal muss es endlich werden, dass wir alle – auch Männer, auch Führungskräfte, auch Berufseinsteiger – Teilzeitarbeiter werden können und weniger im Job sein müssen, mehr bei uns selbst, bei unseren Familien, bei unseren Freunden. Und wer bis zur Rente oder gar noch länger arbeiten muss oder möchte, erreicht dieses Ziel mit Teilzeit entspannter, gesünder und ganz bestimmt auch glücklicher.

Teilzeit zu arbeiten und freiwillig die Arbeitszeit zu reduzieren, das ist nicht nur ein Trend, das ist die Antwort der kleinen Leute auf das geldgierige Machtstreben der Weltkonzerne, die schon lange den Bezug zu ihrer Verantwortung gegenüber ihren Mitarbeitern verloren haben. Teilzeit ist ein rechtlich verbrieftes Kürzertreten und ein Stoppschild für die oft ausufernden Wünsche der Vorgesetzten.

Wir verbringen immer noch viel zu viel Zeit mit Arbeit, statt anderen zu helfen oder mehr für uns selbst zu tun. Lassen Sie uns gemeinsam für eine bessere, lebenswertere Welt von und für Menschen kämpfen. Fördern Sie diese Bewegung und werden Sie Teil des Trends, der unsere Arbeitszeiten flexibilisieren und reduzieren soll. Machen also auch Sie Teilzeit und fangen Sie an, glücklicher zu leben. Wir müssen endlich aufwachen und Arbeit neu denken, sodass sie besser zu uns Menschen passt. Hier mein Teilzeit-Manifest:

- Teilzeit für alle muss normal werden, auch für Männer, Führungskräfte oder Berufseinsteiger.
- Die Vereinbarkeit von Teilzeit und Sabbatical muss in der praktischen Umsetzung verbessert werden.
- Firmen, die mit Teilzeit und Sabbaticals um Fachkräfte werben, müssen ihr Versprechen auch später einlösen.
- Karriere und Teilzeit dürfen sich nicht ausschließen.
- Führungskräfte in Teilzeit müssen von Chefs und Teams anerkannt werden.
- Arbeit darf nicht mehr alle in das gleiche Korsett aus festen Anwesenheitszeiten pressen, denn Präsenzkultur ist nicht mehr zeitgemäß.
- Arbeit muss sich flexibel an unterschiedliche Lebensphasen anpassen.

- Unternehmen müssen die Verteilung von Aufgaben und Verantwortung grundsätzlich verbessern und mehr Teilzeit möglich machen.
- Die Idee »8 Stunden arbeiten, 8 Stunden schlafen und 8 Stunden Freizeit« stammt aus dem Jahr 1830 und passt nicht mehr in unsere moderne Arbeitswelt.
- Stellen müssen so gestaltet sein, dass sich auch Führungskräfte problemlos eine Stelle teilen können.
- Arbeit darf das Leben nicht so sehr beherrschen, dass wir nicht mehr entspannt unser Leben, unsere Freizeit, unseren Urlaub genießen können.
- Arbeit muss sich so organisieren lassen, dass auch längere Auszeiten möglich sind, um etwa die Welt zu bereisen oder etwas völlig Neues auszuprobieren.
- Es müssen mehr Jobs für digitale Teilzeitnomaden angeboten werden.
- Die Einstiegsgehälter und die Steigerungsraten gerade in den ersten Berufsjahren müssen deutlich lukrativer ausfallen, damit sich jeder schon früh Teilzeit leisten kann.
- Der Anteil weiblicher Teilzeitführungskräfte in Unternehmen muss über alle Hierarchieebenen hinweg steigen, damit Frauen die gleichen Chancen haben – denn oft sind es immer noch sie, die sich mehr um Kinder und Familie kümmern müssen als die Männer.
- Alle Teilzeitarbeiter müssen bei der neuen Brückenteilzeit gleich behandelt werden, unabhängig davon, ob sie bereits zum Stichtag 1. Januar 2019 Teilzeit machen oder dann erst beantragen.
- Das deutsche Arbeitszeitgesetz aus dem Jahr 1994 muss den Anforderungen einer modernen digitalen und mobilen Arbeitswelt angepasst werden – und das heißt nicht, insgesamt mehr arbeiten zu müssen, vielmehr muss die Einteilung freier werden.
- Arbeit muss ins Leben passen – nicht das Leben in die Arbeit.

Meine jahrelangen Erfahrungen mit Teilzeit haben mir bewiesen, dass man so viel mehr aus seinem Leben machen und trotz oder gerade deswegen ein wertvoller Mitarbeiter in der Firma sein kann. Auf der Webseite www.halbearbeitganzesleben.de habe ich weiterführende Informationen für Sie zum Thema Teilzeit gesammelt. Sie sind herzlich eingeladen, sich hier mit mir und anderen über Ihre Erfahrungen austauschen.

Ich wünsche Ihnen von Herzen bei Ihrem Teilzeitvorhaben viel Erfolg und Glück!

Teilzeit-Wiki

AMS: Der Arbeitsmarktservice Österreich ist ein Dienstleistungsunternehmen des öffentlichen Rechts und hat den Auftrag, zur Verhütung und Beseitigung von Arbeitslosigkeit in Österreich beizutragen.

Arbeitszeitkonto: Dient der Dokumentation, um die tatsächlich geleistete Arbeitszeit von Mitarbeitern aufzuzeichnen. Es ermöglicht eine Gegenüberstellung von tatsächlich geleisteten Arbeitsstunden und den Sollstunden.

Arbeitsmarktinstrumente: Dienen der aktiven Arbeitsförderung am Arbeitsmarkt. Dazu gehören beispielsweise Eingliederungszuschüsse oder Beratung und Vermittlung von Ausbildungsplatz- oder Arbeitssuchenden.

Arbeitsplatzerhaltungsenergie: Aufwand, um den Job zu behalten, beispielsweise die Unterhaltung eines Fahrzeuges oder die Anschaffung von Berufsbekleidung.

Altersteilzeit: Soll älteren Arbeitnehmern einen gleitenden Übergang in den Ruhestand ermöglichen und die Belastung durch Arbeit vor der Rente reduzieren. Gesetzliche Grundlage ist das Altersteilzeitgesetz von 1996.

Arbeitsplatzteilung: Eine Stelle oder die Aufgaben, die mit einer Arbeitsstelle verbunden sind, werden auf mehrere Personen aufgeteilt, um ein Teilzeitmodell zu ermöglichen.

Aufstockung: Ein Gesetz bei der Altersteilzeitregelung, bei dem Arbeitgeber das Nettogehalt eines Arbeitnehmers auf mindestens 70 Prozent des ursprünglichen Nettolohns aufstocken müssen.

AVRAG: Das Arbeitsvertragsrecht-Anpassungsgesetz aus Österreich von 1993 beinhaltet die Regelungen zur Bildungsteilzeit.

BAuA: Die Bundesanstalt für Arbeitsschutz und Arbeitsmedizin ist eine Forschungseinrichtung des Bundes, die das Bundesministerium für Arbeit und Soziales berät, mit dem Ziel einer menschengerechten Gestaltung von Arbeit in Deutschland.

Bedingungsloses Grundeinkommen: Umstrittenes Konzept, nach dem jeder Bürger ein gesetzlich festgelegtes, vom Staat finanziertes Einkommen erhält, ohne dafür eine Gegenleistung erbringen zu müssen.

Betriebsrente: Vom Arbeitgeber bezahlte betriebliche Rente.

Betriebskasse, auch Betriebskrankenkasse: Krankenkasse, die von Unternehmen mit mehr als 1.000 Beschäftigten gegründet werden kann. Betriebskassen gehören der gesetzlichen Krankenversicherung an.

Bildungskarenz: Möglichkeit zur Weiterbildung in Österreich. Sie kann für maximal ein Jahr in einem Zeitraum von 4 Jahren zwischen Arbeitnehmer und Arbeitgeber abgeschlossen werden, falls der Mitarbeiter vor Beginn der Karenz für 6 Monate ununterbrochen beschäftigt war.

Bildungsteilzeit: Modell aus Österreich, das eine Reduktion der Arbeitszeit zum Zweck der Weiterbildung ermöglicht. Sie muss für mindestens 4 Monate beantragt werden und darf 2 Jahre nicht überschreiten; der Arbeitgeber zahlt Bildungsteilzeitgeld.

Bildungsurlaub: Staatlich geförderter Anspruch auf Weiterbildung während der Arbeitszeit in Deutschland, geregelt in Landesgesetzen.

Brückenteilzeit: Befristete Teilzeitform, die ab 2019 in Deutschland in Kraft tritt. Diese Teilzeit ist befristet, aber nicht jeder darf sie nutzen.

Bruttosozialglück: »Gross National Happiness« dient in Bhutan als Indikator für die Lage des Landes, sowohl in sozialer als auch in kultureller, politischer und ökonomischer Hinsicht. Der Legende nach basiert der Begriff auf der Aussage eines früheren Königs, der das Bruttosozialglück des Landes für wichtiger hielt als das Bruttosozialprodukt. Zuständig für die Erfassung ist das Centre for Bhutan Studies, das in regelmäßigen Abständen den *Gross National Happiness Survey Report* veröffentlicht.

Businessplan: Geschäftsplan, der bei einer Gründung oder Weiterentwicklung eines Unternehmens Ziele, Strategien und Maßnahmen beschreibt.

Chef-Chef: Umgangssprachliche Bezeichnung für den Vorgesetzten des eigenen Chefs.

»Das war ich nicht«-Falle: Begriff aus der Teamteilzeit, mit dem der Umstand beschrieben wird, dass man schlecht informiert ist und sich für etwas nicht verantwortlich fühlt.

DGB: Deutscher Gewerkschaftsbund als größte Dachorganisation von Einzelgewerkschaften, dem sowohl Verdi als auch die IG Metall angehören. 2017 kam der DGB insgesamt auf knapp 6 Millionen Mitglieder.

Di-Mi-Do: Teilzeitmodell, bei dem nur am Dienstag, Mittwoch und Donnerstag gearbeitet wird.

Diskriminierungsverbot: Dieses ist in Paragraf 4 des Teilzeit- und Befristungsgesetzes verankert und besagt, dass ein Arbeitnehmer aufgrund seiner Teilzeitbeschäftigung nicht schlechter behandelt werden darf als ein vergleichbarer vollzeitbeschäftigter Kollege.

Entgeltersatzleistung: Geld, das auch Lohnersatzleistung genannt wird und von Sozialversicherungsträgern zum Ausgleich von entfallenem Einkommen bei Krankheit, Arbeitslosigkeit oder Ähnlichem gezahlt wird.

Ferieneffekt: Nachlassen kognitiver Fähigkeiten von Schülern während der langen Sommerferien, nachgewiesen in einer Studie der Universität von Missouri in Columbia.

Freiwochen: Zeit, in der nicht gearbeitet wird.

Flurfunk: Getuschel unter Kollegen in einer Firma.

Homeoffice: Arbeit, die vom eigenen Zuhause aus erledigt wird. In Deutschland besteht darauf kein Rechtsanspruch, Regelungen werden zwischen Arbeitgeber und Arbeitnehmer ausgehandelt.

IAB: Institut für Arbeitsmarkt- und Berufsforschung, die Forschungseinrichtung der Bundesagentur für Arbeit. Das IAB berät politische Akteure und handelt in gesetzlichem Auftrag im Bereich der Arbeitslosenversicherung (SGB III) und für das Grundsicherungssystem für erwerbsfähige Leistungsberechtigte (SGB II).

Jobsharing: Aufteilung einer Arbeitsstelle auf mehrere Personen.

Jobtandem: Ähnlich wie beim Jobsharing bewerben sich zwei Mitarbeiter auf eine Vollzeitstelle, um sie sich anschließend zu teilen.

Klassisches Teilzeitmodell: Stundenweise Reduzierung der täglichen Arbeitszeit. Für Arbeitgeber aufgrund der gleichmäßigen Verteilung von Arbeitsstunden am einfachsten umzusetzende Form der Teilzeit.

Kurzarbeit: Zwangsweise Reduzierung der Arbeitszeit durch den Arbeitgeber aus wirtschaftlichen Gründen.

Messebauerteilzeit: Teilzeitmodell, bei dem blockweise sehr viel, zum Beispiel beim Standaufbau auf einer Messe, gearbeitet wird, um später die zu viel gearbeitete Zeit wieder abzufeiern.

Mini-Max-Teilzeit: 5-Prozent-Teilzeitmodell.

Montageteilzeit: Ähnlich wie bei der Messebauerteilzeit folgt einer Phase des Am-Stück-Arbeitens eine Freiphase.

Nebeneinkünfte: Einnahmequelle neben dem eigentlichen regelmäßigen Gehalt.

Pendlerteilzeit: 10-Prozent-Teilzeit.

Personaldecke: Bezeichnung für die personelle Ausstattung einer Firma.

Pflegeteilzeit: Reduzierung der wöchentlichen Arbeitszeit nach dem Familienpflegezeitgesetz. Kann bis zu 24 Monate in Anspruch genommen werden und verfolgt das Ziel, Beschäftigten die Möglichkeit zu bieten, nahe Angehörige zur pflegen.

Pflegezeitgesetz: Das PflegeZG von 2008 erlaubt es Arbeitnehmern unter bestimmten Voraussetzungen, die häusliche Pflege von Angehörigen zu übernehmen, und soll so die Vereinbarkeit von Beruf und familiärer Pflege verbessern.

Regelarbeitszeit: Fest vereinbarte wöchentliche Arbeitszeit.

Rentenanwartschaft: Recht auf eine bestimmte monatliche Rentenzahlung. Wird durch versicherungspflichtige Arbeit erworben.

Rückkehrrecht: Rechtliche Option, nach einer Teilzeitphase wieder in Vollzeit zu arbeiten.

Sabbatical: Arbeitszeitmodell, das eine Ansparphase und daran anschließend eine längere Freiphase beinhaltet.

Sabbatical light: Ermöglicht eine Freiphase von bis zu 3 Monaten.

Saisonteilzeit: Teilzeitform, bei der man eine Saison durcharbeitet und anschließend die angesammelten Überstunden außerhalb der Saison abfeiert, zum Beispiel in der Landwirtschaft oder der Gastronomie.

Scheinselbstständigkeit: Situation von Personen, die zwar laut Vertrag selbstständig Leistungen für ein Unternehmen erbringen, sich aber tatsächlich in einem abhängigen Beschäftigungsverhältnis befinden. Die Überprüfung wird von der Deutschen Rentenversicherung durchgeführt.

Schulferienteilzeit: Umschreibung einer Teilzeitvariante, bei der man so viele freie Tage hat wie Schüler während ihrer Ferien.

Sozialversicherungspflicht: Instrument der Sozialpolitik, basierend auf dem Solidaritätsprinzip, bei dem Risiken für beispielsweise Krankheit oder Arbeitslosigkeit gemeinsam von allen Versicherten getragen werden.

Tandemjob: Siehe Jobtandem.

Teamteilzeit: Teilzeit, bei der die persönliche Arbeitszeit im Team gemeinsam geplant und vereinbart wird. Der Arbeitgeber gibt lediglich vor, in welchem Zeitraum wie viele Mitarbeiter anwesend sein sollen.

Teilzeitantrag: Schriftlicher Antrag an den Arbeitgeber zur Reduktion der Arbeitszeit. Er muss 3 Monate vor der geplanten Teilzeit eingereicht werden und beinhaltet den Umfang, in dem die Arbeitszeit verringert werden soll, und die Angabe, wie die Arbeitszeit künftig verteilt wird.

Teilzeit-Freiheit: Umschreibung für die Befreiung von einem Teil der Arbeitszeit.

Teilzeitrechner: Angebot des Bundesministeriums für Arbeit und Soziales, das die Berechnung des Teilzeitgehaltes ermöglicht. Er bietet eine erste Orientierung über die finanziellen Auswirkungen einer geplanten Arbeitszeitreduzierung.

Teilzeitfalle: Umschreibung für die Unmöglichkeit, bei Bedarf jederzeit in die Vollzeit zurückzukehren.

Teilzeithebel: Wirkungsverstärker, der bereits eintritt, wenn man die Arbeitszeit um nur wenige Prozent reduziert und dadurch deutlich mehr freihat.

Teilzeitprojekt: Ziel, das man in einer arbeitszeitreduzierten Phase angeht.

Teilzeitquote: Anteil der Erwerbstätigen, die in Teilzeit tätig sind, an allen Erwerbstätigen eines Landes.

Teilzeit-Trojaner: Situation, wenn man in Teilzeit für weniger Geld die gleichen Aufgaben wie in Vollzeit erledigen muss.

Touch-and-go-Phase: Kurze Zeit wieder in Vollzeit arbeiten, um die Teilzeit zu unterbrechen und so die Option auf eine Vollzeitstelle nicht zu verlieren.

Vakanzen: Freie Kapazitäten eines Mitarbeiters.

Vertrauensarbeitszeit: Ermöglicht Beschäftigten eine eigenverantwortliche Einteilung der Arbeitszeit. Im Vordergrund steht die Erledigung der anstehenden Aufgaben.

Vollzeitbeschäftigung: Beschäftigung, bei der die gesetzlich oder tarifvertraglich festgelegte Wochenarbeitszeit gearbeitet wird. Die Wochenarbeitszeit für Vollzeitbeschäftigte kann in einzelnen Unternehmen leicht variieren.

Vollzeitnahe Modelle: Teilzeitmodelle, bei denen die wöchentliche Arbeitszeit nicht weniger als 30 Stunden umfasst.

Work-Life-Balance: Erstrebenswerter Zustand, bei dem Privat- und Arbeitsleben in Einklang stehen.

Danksagung

Meiner Mutter für das Vorbild.
Brigitte, Trudy und Josef, ohne die es dieses Werk nicht gäbe.
Bettina Traub vom Ariston Verlag für ihre Unterstützung.
Michael Schickerling für das Lektorat.
Meinem Mentor, der mir immer zur Seite steht.
Meinem Arbeitgeber, der mir Teilzeit ermöglicht.

Literatur

Adler, S.: »Bedingungsloses Grundeinkommen in Finnland. Ein Angebot, das man nicht ablehnen kann«, *Deutschlandfunk*, 5.10.2017, http://www.deutschlandfunk.de/bedingungsloses-grundeinkommen-in-finnland-ein-angebot-das.724.de.html?dram:article_id=397532 (Abruf 26.1.2018).

Alderman, L.: »International Business. In Sweden, an Experiment turns shorter Workdays into bigger Gains«, *New York Times*, 20.5.2016, https://mobile.nytimes.com/2016/05/21/business/international/in-sweden-an-experiment-turns-shorter-workdays-into-bigger-gains.html (Abruf 5.11.2017).

AMS: »Bildungsteilzeitgeld«, http://www.ams.at/service-arbeitsuchende/finanzielles/leistungen/bildungsteilzeitgeld (Abruf 26.1.2018).

Arbeitskammer: »Arbeitsverhältnis & geringfügige Beschäftigung«, https://www.arbeiterkammer.at/beratung/steuerundeinkommen/dazuverdienen/Arbeitsverhaeltnis_und_geringfuegige_Beschaeftigung.html (Abruf 11.5.2018).

Arbeitsmarktservice (AMS): »Die Bildungskarenz – eine Möglichkeit zur Weiterbildung«, http://www.ams.at/_docs/001_infoblatt_bildungskarenz.pdf (Abruf 26.1.2018).

Arbeitsrechte.de (Hg.): »Unbezahlter Urlaub: Wie lange kann ich unbezahlt frei machen?«, https://www.arbeitsrechte.de/unbezahlter-urlaub (Abruf 2.7.2018).

ASR: »Altersteilzeit im Blockmodell. Rückstellungen auch für die Aufstockungsbeträge bilden«, *Auto Steuern Recht* 8/2005, https://www.iww.de/asr/archiv/altersteilzeit-im-blockmodell-rueckstellungen-auch-fuer-die-aufstockungsbetraege-bilden-f20684 (Abruf 2.7.2018).

Bauer, J.: *Arbeit. Warum sie uns glücklich oder krank macht*. München, 2015.

Brath: »Why we started with 6 hour work days«, http://brath.com/why-we-started-with-6-hour-work-days (Abruf 14.11.2017).

Braun, K., und Diekmann, F.: »So arbeitet Deutschland«, *Spiegel online*, 3.9.2017, http://www.spiegel.de/wirtschaft/soziales/arbeitszeit-so-arbeitet-deutschland-auf-einen-blick-a-1158784.html (Abruf 10.11.2017).

Brouzos, J.: »US-Firmen bringen Pflegeurlaub in die Schweiz«, *Tages-Anzeiger*, 20.1.2018, https://www.tagesanzeiger.ch/wirtschaft/standardusfirmen-bringen-pflegeurlaub-in-die-schweiz/story/12829988 (Abruf 11.5.2018).

Bundesinstitut für Berufsbildung (Hg.): *Datenreport zum Berufsbildungsbericht 2018*, https://www.bibb.de/dokumente/pdf/BIBB-Datenreport-2018_Vorversion_18042018.pdf (Abruf 11.5.2018).

Bundesagentur für Arbeit (Hg.): »Die Arbeitsmarktsituation von Frauen und Männern 2016«, *Berichte: Blickpunkt Arbeitsmarkt* 7/2018.
Bundesagentur für Arbeit (Hg.): »Kurzarbeitergeld – Informationen für Arbeitgeber«, https://www.arbeitsagentur.de/unternehmen/finanziell/kurzarbeitergeld (Abruf 11.5.2018).
Bundesagentur für Arbeit: »Teilzeitberufsausbildung«, https://con.arbeitsagentur.de/prod/apok/ct/dam/download/documents/dok_ba016444.pdf (Abruf 21.5.2018).
Bundesagentur für Arbeit: »Existenzgründung«, https://www.arbeitsagentur.de/web/content/DE/BuergerinnenUndBuerger/ArbeitundBeruf/Existenzgruendung/index.htm (Abruf 28.1.2018).
Bundesagentur für Arbeit: *Flexible Arbeitszeitmodelle. Information für Arbeitgeber*. Zwickau, 2014.
Bundesamt für Soziales und Behindertenwesen: »Pflegekarenz und -teilzeit«, https://www.sozialministeriumservice.at/site/Finanzielles/Pflegeunterstuetzungen/Pflegekarenz_und_teilzeit/#intertitle-9 (Abruf 3.2.2018).
Bundesamt für Statistik (Schweizerische Eidgenossenschaft): »Voll- und Teilzeiterwerbstätige nach Geschlecht, Nationalität, Altersgruppen, Familientyp«, https://www.bfs.admin.ch/bfs/de/home/statistiken/arbeit-erwerb/erwerbstaetigkeit-arbeitszeit/erwerbstaetige/vollzeit-teilzeit.assetdetail.3783336.html (Abruf 11.11.2017).
Bundesanstalt für Arbeitsschutz und Arbeitsmedizin: *Arbeitszeitreport Deutschland 2016*. Dortmund, 2016.
Bundesministerium für Arbeit und Soziales: »Brückenteilzeit kommt«, Pressemitteilung, 19.4.2018, http://www.bmas.de/DE/Presse/Meldungen/2018/brueckenteilzeit.html (Abruf 2.7.2018)
Bundesministerium für Arbeit und Soziales: *Entwurf eines Gesetzes zur Weiterentwicklung des Teilzeitrechts – Einführung einer Brückenteilzeit*, http://www.bmas.de/SharedDocs/Downloads/DE/PDF-Gesetze/Referentenentwuerfe/ref-brueckenteilzeit.pdf (Abruf 2.7.2018).
Bundesministerium für Arbeit und Soziales: »Kurzarbeitergeld«, http://www.bmas.de/DE/Themen/Arbeitsmarkt/Arbeitsfoerderung/kug.html (Abruf 22.1.2018).
Bundesministerium für Arbeit und Soziales: »Teilzeitrechner 2018«, http://www.bmas.de/static/Teilzeit-Netto-Rechner/index.html (Abruf 27.1.2018).
Bundesministerium für Arbeit und Soziales: *Teilzeit – alles was Recht ist*. Bonn, 2016.
Bundesministerium für Arbeit und Soziales: *Teilzeit – alles was Recht ist. Rechtliche Rahmenbedingungen für Arbeitnehmer und Arbeitgeber*. Bonn, 2016.
Bundesministerium für Bildung und Forschung: »Wie funktioniert die Ausbildung in Teilzeit?«, https://www.jobstarter.de/ausbildung-in-teilzeit#Wie_funktioniert_die_Ausbildung_in_Teilzeit (Abruf 4.1.2018).
Bundesministerium für Familie, Senioren, Frauen und Jugend (Hg.): »Bundeselterngeld- und Elternzeitgesetz«, 21.3.2018, https://www.bmfsfj.de/bmfsfj/service/gesetze/bundeselterngeld--und-elternzeitgesetz/73806 (Abruf 11.5.2018).

Bundesministerium für Familie, Senioren, Frauen und Jugend: *Unternehmensmonitor Familienfreundlichkeit 2013*. Berlin, 2013.

Bundesregierung: »Rede von Bundeskanzlerin Merkel am 13. Juli 2015«, https://www.bundesregierung.de/Content/DE/Rede/2015/07/2015-07-13-merkel-chefsache.html (Abruf 10.11.2017).

Business Hub Berlin: »Gemüse anbauen ohne Garten. Diese Gemüse kannst du auch in der Wohnung ziehen«, https://www.smarticular.net/gemuese-anbauen-ohne-garten-diese-gemuese-kannst-du-auch-der-wohnung-ziehenCenter for Bhutan Studies: »CBS & GNH«, http://www.bhutanstudies.org.bt (Abruf 14.11.2017).

Compensation Partner: *Arbeitszeitmonitor 2016. Eine empirische Untersuchung über Arbeitszeiten, Überstunden und Urlaubsansprüche in Deutschland*. Hamburg, 2016.

Cooper, H., u. a.: »The Effects of Summer Vacation on Achievement Test Scores: A Narrative and Meta-Analytic Review«, *Review of Educational Research* 3/1996. S. 227–268.

Cordsmeier, M.: *Nimm dir das Leben, das du wirklich willst.Warum du weniger arbeiten und mehr Spaß haben solltest*. Berlin, 2017.

DAB/DPA: »Kraftwerkssparte. Auch General Electrics will Tausende Jobs streichen«. *Spiegel online*, 7.12.2017, http://www.spiegel.de/wirtschaft/unternehmen/general-electric-will-12-000-stellen-streichen-a-1182264.html (Abruf 26.1.2018).

DAZ.online (Hg.): »Patientenschützer kritisieren. Zu wenige nutzen Familienpflegezeit«, *Deutsche Apotheker Zeitung*, 25.10.2106, https://www.deutsche-apotheker-zeitung.de/news/artikel/2016/10/25/zu-wenige-nutzen-familienpflegezeit (Abruf 18.2.2018).

Destatis: »Elterngeld für 1,64 Millionen Mütter und Väter im Jahr 2016«, https://www.destatis.de/DE/PresseService/Presse/Pressemitteilungen/2017/06/PD17_213_22922.html (Abruf 18.2.2018).

Destatis: »Knapp 2,9 Millionen Pflegebedürftige im Dezember 2015«, https://www.destatis.de/DE/PresseService/Presse/Pressemitteilungen/2017/01/PD17_017_224.html;jsessionid=BC58853B99CB2F8A89F53AEA1C487803.InternetLive2 (Abruf 18.2.2018).

Destatis: »Verdienste und Arbeitskosten. Arbeitnehmerverdienste«, *Fachserie* 16, Reihe 2.1.

Deutsche Rentenversicherung: »Angehörige pflegen: wir belohnen Ihren Einsatz«, https://www.deutsche-rentenversicherung.de/Allgemein/de/Navigation/1_Lebenslagen/04_Mitten_im_Leben/01_Rente_und_vorsorge/04_angehoerige_pflegen/angehoerige_pflegen_node.html (Abruf 26.1.2018).

Deutsche Rentenversicherung: »Rentenauskunft«, https://www.deutsche-rentenversicherung.de/Allgemein/de/Inhalt/3_Infos_fuer_Experten/02_arbeitgeber_steuerberater/01a_summa_summarum/05_lexikon/R/rentenauskunft.html (Abruf 21.1.2018).

Deutsche Rentenversicherung: »Renteninformation«, https://www.deutsche-rentenversicherung.de/Allgemein/de/Inhalt/3_Infos_fuer_Experten/02_arbeitgeber_ steuerberater/01a_summa_summarum/05_lexikon/R/renteninformation.html (Abruf 28.1.2018).

Deutscher Gewerkschaftsbund: »DGB-Index Gute Arbeit. Arbeiten ohne Ende. Wie verbreitet sind überlange Arbeitszeiten?«, *Kompakt* 1/2016.

Deutscher Gewerkschaftsbund: *DGB-Index Gute Arbeit. Arbeitshetze – Arbeitsintensivierung – Entgrenzung. So beurteilen Beschäftigte die Lage.* Berlin, 2012.

Deutsche Handwerks Zeitung: »Azubi in Teilzeit: Das gilt für Arbeitszeit, Lohn und Urlaub«, https://www.deutsche-handwerks-zeitung.de/azubi-in-teilzeit-das-gilt-fuer-arbeitszeit-lohn-und-urlaub/150/9447/221957 (Abruf 11.5.2019).

Deutsche Rentenversicherung: »Altersrente für langjährig und besonders langjährig Versicherte«, https://www.deutsche-rentenversicherung.de/Allgemein/de/Inhalt/2_Rente_Reha/01_rente/01_grundwissen/03_rentenarten_und_leistungen/02_altersrente_langjaehrig_versicherte.html (Abruf 14.5.2018).

DGB: »Unfreiwillige Teilzeit«, http://www.dgb.de/++co++d315e442-9d58-11df-6658-00188b4dc422 (Abruf 11.5.2018).

Dittmer, D.: »Schweden zeigt Mut zur Lücke«, *n-tv*, 27.6.2016, http://www.n-tv.de/wirtschaft/Der-Sechs-Stunden-Arbeitstag-Fallbeispiele-aus-Schweden-article17785301.html (Abruf 5.11.2017).

DIW Berlin: »SOEP-Analyse des DIW Berlin zum Weltglückstag am 20. März: Lebenszufriedenheit in Ostdeutschland holt auf«, Pressemitteilung, 17.3.2017, https://www.diw.de/de/diw_01.c.554636.de/themen_nachrichten/soep_analyse_des_diw_berlin_zum_weltglueckstag_am_20_maerz_lebenszufriedenheit_in_ostdeutschland_holt_auf.html (Abruf 3.5.2018).

DIW Berlin: »Jobwunder durch Teilzeit«. *DIW Wochenbericht* 42/2011.

Esslinger, A., und Schobert, D. (Hg.): *Erfolgreiche Umsetzung von Work-Life-Balance in Organisationen. Strategien, Konzepte, Maßnahmen*. Wiesbaden, 2007.

Gassert, M.: *Alles ist schwer, bevor es leicht wird. Mit dem Wissen der Shaolin zu mehr Disziplin und Willenskraft*. München, 2013.

Goetsch, I.: » Ausbildung in Teilzeit für junge Mütter«, Diakonie, 18.8.2015, https://www.diakonie.de/journal/ausbildung-in-teilzeit-fuer-junge-muetter (Abruf 11.5.2018).

Hans-Böckler-Stiftung (Hg.): »Arbeitswelt: Unfreiwillige Teilzeit«, *Böckler Impuls* 8/22017, https://www.boeckler.de/108549_108558.htm (Abruf 11.5.2018).

Haufe Online Redaktion: »Sabbatical: Voraussetzungen für eine berufliche Auszeit«, *Haufe online*, 7.8.2017. https://www.haufe.de/arbeitsschutz/gesundheit-umwelt/sabbatical-voraussetzungen-fuer-eine-berufliche-auszeit_94_419288.html (Abruf 4.1.2018).

Haufe Online Redaktion (Hg.): »Teilzeit: Wann der Arbeitgeber den Wunsch auf Teilzeit ablehnen darf«, *Haufe online*, 27.12.2012, https://www.haufe.de/personal/arbeitsrecht/wann-der-arbeitgeber-den-wunsch-auf-teilzeit-ablehnen-darf_76_156828.html (Abruf 14.5.2018).

Hockling, S.: »Jobsharing. Attraktiver als Teilzeit«, *Zeit online*, 13.2.2015. http://www.zeit.de/karriere/beruf/2015-02/jobsharing-flexibles-arbeiten (Abruf 21.1.2018).

Huber, M.: »›Tandem-Jobs‹: Glücklich geteilt«, *Xing Spielraum*, 18.12.2014, https://spielraum.xing.com/2014/12/tandem-job (Abruf 11.5.2018).

Huesman, M. et al.: »Flexibles Arbeiten in Führung. Wie Führungskräfte die Barrieren und Effekte flexibler Arbeitsmodelle beurteilen«, *Führung und Organisation* 4/2017. S. 231–240.

IG Metall: »Mein Leben – meine Zeit«, https://www.igmetall.de/mein-leben-meine-zeit-arbeitszeitkonferenz-in-mannheim-25572.htm (Abruf 6.11.2017).

IG Metall: »Metall-Tarifabschluss für Sachsen steht«, https://www.igmetall.de/tarifticker-2018-26060.htm (Abruf 18.2.2018).

IHK Leipzig: »Gründung im Nebenerwerb«, https://www.leipzig.ihk.de/mediathek/Gründung%20im%20Nebenerwerb.pdf (Abruf 29.1.2018).

Initiative Chefsache: »Über die Initiative«, https://initiative-chefsache.de/initiative-chefsache/ueber-die-initiative (Abruf 11.11.2017).

Institut der deutschen Wirtschaft: »Auch immer mehr Väter im Boot«, https://www.iwkoeln.de/presse/iw-nachrichten/beitrag/elterngeld-auch-immer-mehr-vaeter-im-boot-87371.html (Abruf 18.2.2018).

Institut für Arbeitsmarkt- und Berufsforschung: »Zeitreihe 1991 bis 2017«, http://doku.iab.de/arbeitsmarktdaten/AZ_Komponenten.xlsx (Abruf 11.11.2017).

Institut für Arbeitsmarkt- und Berufsforschung: »Arbeitszeitpolitik. Teilzeitarbeit fördert Flexibilität und Produktivität«, *IAB Kurzbericht* 7/2006.

Institut für Arbeitsmarkt- und Berufsforschung: »Männer und Frauen wünschen sich oft kürzere Arbeitszeiten«, Presseinformation, 22.5.2018, http://www.iab.de/de/informationsservice/presse/presseinformationen/kb1318.aspx (Abruf 2.7.2018).

IVB Neue Medien: »Das Netto vom Brutto – was ändert sich bei Teilzeit?«, https://www.steuerklassen.com/brutto-netto-rechner/teilzeit (Abruf 5.1.2018).

IWW Institut (Hg.): »Praxisorganisation. So optimieren Sie die Zusammenarbeit in Ihrem ›Teilzeit-Team‹«, *PPZ Praxisteam professionell* 5/2009, http://www.iww.de/ppz/archiv/praxisorganisation-so-optimieren-sie-die-zusammenarbeit-in-ihrem-teilzeit-team-f10875 (Abruf 21.1.2018).

Jürgens, K., Hoffmann, R., und Schildmann, C.: *Arbeit transformieren! Denkanstöße der Kommission »Arbeit der Zukunft«*. Bielefeld, 2017, https://www.boeckler.de/pdf/arbeit-transformieren.pdf (Abruf 3.5.2018).

KfW (Hg.): »KfW-Gründungsmonitor 2018. Wieder weniger Gründer in Deutschland: Zahl sinkt unerwartet stark«. https://www.kfw.de/KfW-Konzern/Newsroom/Aktuelles/Pressemitteilungen/Pressemitteilungen-Details_457280.html (Abruf 22.5.2018).

Kienbaum Institut: *Arbeitest du noch oder lebst du schon?* Dortmund, 2017.

Kitz, V.: *Die 365 Tage-Freiheit. Ihr Leben ist zu wertvoll, um es mit Arbeit zu verbringen*. München, 2012.

Kohler, F. »Die wichtigsten Fragen zum Teilzeit-Boom«, *Tages-Anzeiger*, 7.2.2017, https://www.tagesanzeiger.ch/wirtschaft/unternehmen-und-konjunktur/Die-wichtigsten-Fragen-zum-TeilzeitBoom/story/23732340 (Abruf 15.5.2018)

Körner, F. S.: *Journeyman: 1 Mann, 5 Kontinente und jede Menge Jobs*. Ullstein, 2015.

Krüger, J.: *Kooperation und Wertschöpfung*. Heidelberg 2012.

Kruthaup, K.: »Teilzeit für Berufsanfänger. Donnerstags gehör ich mir!«, *Spiegel online*, 1.1.2013.

Leppin, K., und Mutafoglu, K.: *Nebenbei selbstständig, Ratgeber für Selbstständige in Teilzeit*. Hannover, 2011.

Lutz, A., und Luck, N.: *Selbständig in Teilzeit. Als Kleinunternehmer zum großen Erfolg*. Wien, 3. Auflage 2015.

Mai, J.: »Nebentätigkeit: Darauf müssen Sie achten«, *Karrierebibel*, https://karrierebibel.de/nebentaetigkeit (Abruf 16.5.2018).

McKinsey: »Freiräume schaffen – flexibles Arbeiten«, https://karriere.mckinsey.de/entwicklung/flexibilitaet (Abruf 21.1.2018).

Minijob-Zentrale: »Mindestlohn«, https://www.minijob-zentrale.de/DE/01_minijobs/02_gewerblich/01_grundlagen/04_arbeitsrecht/02_mindestlohn/node.html (Abruf 22.1.2018).

Monster (Hg.): »bAV für Teilzeitbeschäftigte: Wie berechnet sich die Höhe der Betriebsrente?«, https://arbeitgeber.monster.de/hr/personal-tipps/personalmanagement/vergutung/bav-fuer-teilzeitbeschaeftigte-145728.aspx (Abruf 15.5.2018).

Müncher, T.: »Arbeiten bis 65 muss nicht sein. Sie wollen früher in Rente ohne hohe Abschläge? Dann ist das hier die Lösung«, *Focus*, 3.7.2017, https://www.focus.de/finanzen/altersvorsorge/rente/arbeiten-bis-67-muss-nicht-sein-sie-wollen-frueher-in-rente-ohne-hohe-abschlaege-dann-ist-das-hier-die-loesung_id_6593566.html (Abruf 2.7.2018).

Nötzli, H. F.: »Teilzeitarbeitsverhältnisse: Knackpunkt kürzere Arbeitszeiten«, *Weka*, 17.5.2017, https://www.weka.ch/themen/personal/arbeitsvertraege-und-reglemente/spezielle-arbeitsvertraege/article/teilzeitarbeitsverhaeltnisse-knackpunkt-kuerzere-arbeitszeiten (Abruf 18.5.2018).

Obmann, C.: »Chefs entdecken die Teilzeit«, Handelsblatt, 25.6.2011, http://www.handelsblatt.com/unternehmen/management/fuehrungskraefte-chefs-entdecken-die-teilzeit/4318896-all.html (Abruf 25.1.2018).

OECD: »Work-Life-Balance verschlechtert sich«, https://de.statista.com/infografik/2539/work-life-balance-verschlechtert-sich (Abruf 6.2.2018).

OECD: »Work-Life-Balance«, http://www.oecdbetterlifeindex.org/de/topics/work-life-balance-de (Abruf 6.2.2018).

Österreichische Sozialversicherung: »Unbezahlter Urlaub«, https://www.sozialversicherung.at/portal27/esvportal/content?contentid=10007.683986 (Abruf 2.7.2018).

Parkin, J.: *Fuck it! Mach nur noch, was du gerne tust, und es ist egal, welchen Job du hast*. München, 2016.

Personal Office Premium (Hg.): »Arbeitsrechtliche Aspekte der geringfügigen Beschäftigung«, https://www.haufe.de/personal/personal-office-premium/arbeitsrechtliche-aspekte-der-geringfuegigen-beschaeftigung_idesk_PI10413_HI517049.html (Abruf 14.5.2018).

Raymond, M.: »Sabbatical. Wie Mitarbeiter und Firmen von der Auszeit profitieren«, *Genios Wirtschaftswissen* 4/2012.

RKW Hessen: »Arbeitszeitmodelle im Überblick: Teilzeit«, http://www.arbeitszeit-klug-gestalten.de/alles-zu-arbeitszeitgestaltung/arbeitszeitmodelle-im-ueberblick/teilzeit/ (Abruf 22.1.2018).

Sattler, S.: »Altersteilzeit: Sich Schritt für Schritt vom Arbeitsleben verabschieden«, *Landbote*, 9.8.2015, https://www.landbote.ch/leben/gesellschaft/Sich-Schritt-fuer-Schritt-vom-Arbeitsleben-verabschieden/story/20245288 (Abruf 11.5.2018).

Schmidt, K.: »Generation Y. Karriere machen – aber bitte in Teilzeit«. *Wirtschaftswoche*, 1.6.2017.

Standard (Hg.): »Jobsharing in Österreich selten«, *Standard*, 15.12.2014. https://derstandard.at/2000009393554/Jobsharing-in-Oesterreich-selten (Abruf 2.7.2018).

Statista: »Anzahl der monatlich aktiven Nutzer von sozialen Netzwerken in Deutschland in den Jahren 2015 und 2016«, https://de.statista.com/statistik/daten/studie/554909/umfrage/anzahl-der-nutzer-sozialer-netzwerke-in-deutschland (Abruf 12.2.2018).

Statista: »Bezahlte und unbezahlte Überstunden der Arbeitnehmer in Deutschland bis 2016«, https://de.statista.com/statistik/daten/studie/76945/umfrage/ueberstunden-der-arbeitnehmer-in-deutschland-seit-2000 (Abruf 16.12.2017).

Statista: »Einfach mal Pause machen«, https://de.statista.com/infografik/7663/einstellung-der-deutschen-arbeitnehmer-zum-sabbatical/ (Abruf 4.5.2017).

Statista: »Gesamtbevölkerung in der Schweiz«, https://de.statista.com/statistik/daten/studie/19317/umfrage/gesamtbevoelkerung-in-der-schweiz (Abruf 16.12.2017).

Statista: »Überstundenvolumen in der Schweiz«, https://de.statista.com/statistik/daten/studie/731097/umfrage/ueberstundenvolumen-in-der-schweiz (Abruf 16.12.2017).

Statista: »Umfrage zur Dauer des Arbeitsweges in Deutschland 2017«, https://de.statista.com/statistik/daten/studie/709550/umfrage/umfrage-zur-dauer-des-arbeitsweges-in-deutschland (Abruf 16.12.2017).

Statista: »Warum arbeiten Sie in Teilzeit?«, https://de.statista.com/statistik/daten/studie/484710/umfrage/umfrage-zu-gruenden-der-teilzeitarbeit-der-vaeter-in-der-deutschschweiz/ (Abruf 9.11.2017).

Stehr, C.: »Befristete Teilzeit bei der Telekom. ›Zeitsouveränität macht zufriedener‹«, *Haufe online*, 22.5.2017, https://www.haufe.de/personal/hr-management/befristete-teilzeit-bei-der-telekom_80_412962.html (Abruf 4.1.208).

Stiftung Warentest (Hg.): »Geplante Obsoleszenz: Gerade gekauft und schon wieder hin?«, https://www.test.de/Geplante-Obsoleszenz-Gerade-gekauft-und-schon-wieder-hin-4596260-4596273/ (Abruf 20.1.2018).

Techniker Krankenkasse: *Entspann dich, Deutschland. Stressstudie 2016*. Hamburg, 2016.

Tenhagen, H.-J.: Service: »Recht auf Teilzeit«, ARD, 7.2.2018. http://www.daserste.de/information/politik-weltgeschehen/morgenmagazin/service/service-Recht-auf-Teilzeit-100.html (Abruf 18.2.2018).

Töpper, V.: » Jobsharing: Teilzeit plus Teilzeit gibt Vollzeit«, *Spiegel online*, 18.5.2015, http://www.spiegel.de/karriere/jobsharing-so-teilt-man-sich-den-arbeitsplatz-in-teilzeit-a-1032944.html (Abruf 11.5.2018).

Torcasso, R.: »Arbeit und Pflege: Krampfen an zwei Fronten«, *Beobachter*, 8.6.2017, https://www.beobachter.ch/gesellschaft/arbeit-und-pflege-krampfen-zwei-fronten (Abruf 11.5.2018).

Ura, K., u. a.: *A short Guide to Gross National Happiness Index*. Centre for Bhutan Studies, 2012, http://www.grossnationalhappiness.com/wp-content/uploads/2012/04/Short-GNH-Index-edited.pdf (Abruf 14.11.2017).

Vincenz, C.: »Aufwertung der privaten Pflege: Zeit, sich um kranke Familienmitglieder zu kümmern«, SRF, 2.2.2017, https://www.srf.ch/news/schweiz/zeit-sich-um-kranke-familienmitglieder-zu-kuemmern (Abruf 11.5.2018).

Winde, M.: »Erst mal ein Sabbatical: So macht Karriere richtig Spaß«, *Manager Magazin*, 3.1.2016, http://www.manager-magazin.de/unternehmen/artikel/sabbatical-so-macht-karriere-richtig-spass-a-1070249.html (Abruf 11.5.2018).

Wolfmaier, A.: »Minijobs in der Schweiz«, *Umfragenvergleich Schweiz*, 23.4.2013, https://www.umfragenvergleich.ch/jobs-co/minijobs-schweiz (Abruf 11.5.2018).

Zacharakis, Z.: »Dienstag gehört Vati mir«, *Zeit online*, 21.7.2017, http://www.zeit.de/wirtschaft/2017-07/28-stunden-woche-teilzeit-ig-metall-arbeitszeit (Abruf 7.11.2017).

ZDF: »Gleich, gleicher, Gleichberechtigung«, *Plan B*, https://www.zdf.de/gesellschaft/plan-b/plan-b-gleich-gleicher-gleichberechtigung-100.html (Abruf 11.5.2018).

ZDF: »Elternzeit: Vorteile durch Elterngeld Plus? Tipps von Carmen Grebe«, *Volle Kanne*, 20.7.2017, https://www.zdf.de/verbraucher/volle-kanne/elterngeld-110.html (Abruf 25.5.2018).

Zimmermann, B.: »Motiviert bis zum Schluss dank Altersteilzeit – ein gutes Angebot für Arbeitgeber und Arbeitnehmer«, Swissmem (Hg.), 7.4.2016, https://www.swissmem.ch/de/news/news/motiviert-bis-zum-schluss-dank-altersteilzeit-ein-gutes-angebot-fuer-arbeitgeber-und-arbeitnehme.html (11.5.2018)

Zöllich, M.: »Chiang Mai – das Mekka digitaler Nomaden?«, *Miriam Zöllich – das Medien-Dings*, 11.5.2014, https://miriamzoellich.wordpress.com/2014/05/11/chiang-mai-das-mekka-digitaler-nomaden (Abruf, 11.5.2018).

Anmerkungen

1 Cordsmeier, M.: 2017, S. 15,
2 Parkin, J.: 2016, S. 99.
3 *Spiegel online*, http://www.spiegel.de/wirtschaft/soziales/arbeitszeit-so-arbeitet-deutschland-auf-einen-blick-a-1158784.html (10.11.2017).
4 BPA: https://www.bundesregierung.de/Content/DE/Rede/2015/07/2015-07-13-merkel-chefsache.html (3.7.2018).
5 Initiative Chefsache: https://initiative-chefsache.de/tag/arbeits-und-karriere%c2%ad%c2%admodelle (3.7.2018).
6 IAB: http://doku.iab.de/arbeitsmarktdaten/AZ_Komponenten.xlsx (3.7.2018).
7 Bundesamt für Statistik: https://www.bfs.admin.ch/bfs/de/home/statistiken/arbeit-erwerb/erwerbstaetigkeit-arbeitszeit/erwerbstaetige/vollzeit-teilzeit.assetdetail.3783336.html (26.1.2018).
8 Statistik Austria: https://www.statistik.at/web_de/statistiken/menschen_und_gesellschaft/arbeitsmarkt/arbeitszeit/teilzeitarbeit_teilzeitquote/index.html (3.5.2018).
9 BMAS: 2016, S. 121.
10 TK: 2016, S. 13.
11 TK: 2016, S. 25.
12 TK: 2016, S. 17.
13 CBS: http://www.bhutanstudies.org.bt (3.7.2018).
14 CBS: http://www.grossnationalhappiness.com/wp-content/uploads/2012/04/Short-GNH-Index-edited.pdf (3.7.2018).
15 DIW, https://www.diw.de/de/diw_01.c.554636.de/themen_nachrichten/soep_analyse_des_diw_berlin_zum_weltglueckstag_am_20_maerz_lebenszufriedenheit_in_ostdeutschland_holt_auf.html (3.7.2018).
16 DIW Berlin: 2011, S. 5f.
17 https://statistik.arbeitsagentur.de/Statischer-Content/Arbeitsmarktberichte/Personengruppen/generische-Publikationen/Frauen-Maenner-Arbeitsmarkt.pdf, S. 7 (2.7.2018).
18 Brath: http://brath.com/why-we-started-with-6-hour-work-days (3.7.2018).
19 *New York Times*: https://mobile.nytimes.com/2016/05/21/business/international/in-sweden-an-experiment-turns-shorter-workdays-into-bigger-gains.html (3.7.2018).
20 *n-tv:* http://www.n-tv.de/wirtschaft/Der-Sechs-Stunden-Arbeitstag-Fallbeispiele-aus-Schweden-article17785301.html (3.7.2018).

21 IG Metall: https://www.igmetall.de/mein-leben-meine-zeit-arbeitszeitkonferenz-in-mannheim-25572.htm (3.7.2018).
22 *Zeit online*: http://www.zeit.de/wirtschaft/2017-07/28-stunden-woche-teilzeit-ig-metall-arbeitszeit (3.7.2018).
23 Arbeit der Zukunft: https://www.boeckler.de/pdf/arbeit-transformieren.pdf#page=126 (3.5.2018).
24 Kienbaum Institut: 2017, S. 13.
25 IG Metall: https://www.igmetall.de/tarifticker-2018-26060.htm (18.2.2018).
26 Kitz, V.: 2012, S. 9.
27 Cooper, H.: 1996, S. 227.
28 ArGV Art. 13 Abs. 4 (Stand 1.1.2016).
29 AMS: http://www.ams.at/_docs/001_infoblatt_bildungskarenz.pdf (26.1.2018).
30 AVRA: Paragraf 11a, Absatz 1.
31 AMS: http://www.ams.at/service-arbeitsuchende/finanzielles/leistungen/bildungsteilzeitgeld (26.1.2018).
32 Körner, F. S.: 2015.
33 IAB: http://www.iab.de/de/informationsservice/presse/presseinformationen/kb1318.aspx (2.7.2018).
34 Compensation Partner: 2016, S. 3.
35 BUrlG: Paragraf 5, Absatz 2.
36 Lohnsteuer kompakt: https://www.lohnsteuer-kompakt.de/fag/0/704/wie_viele_arbeitstage_kann_ich_in_der_steuererklaerung_fuer_fahrtkosten_ansetzen (3.7.2018).
37 Statista: https://de.statista.com/statistik/daten/studie/709550/umfrage/umfrage-zur-dauer-des-arbeitsweges-in-deutschland (16.12.2017).
38 OECD: http://www.oecdbetterlifeindex.org/de/topics/work-life-balance-de (4.5.2018).
39 OECD: https://de.statista.com/infografik/2539/work-life-balance-verschlechtert-sich (6.2.2018).
40 DGB: 2012, S. 3.
41 Statista: https://de.statista.com/statistik/daten/studie/76945/umfrage/ueberstunden-der-arbeitnehmer-in-deutschland-seit-2000 (16.12.2017).
42 BAuA: 2016, S. 35.
43 LAG Hamm: Az. 8, Sa 2046/05.
44 Bauer, J.: 2015, S. 177.
45 BUrlG: Paragraf 7, Absatz 2 (20.4.2013).
46 Destatis: 2017, S. 4.
47 BMAS: http://www.bmas.de/static/Teilzeit-Netto-Rechner/index.html (27.1.2018).
48 ACAC: https://www.adac.de/infotestrat/autodatenbank/autokosten/default.aspx?ComponentId=49889&SourcePageId=8749&quer=autokosten (3.7.2018).
49 IAB: 2006, S. 3ff.

50 IVB Neue Medien: https://www.steuerklassen.com/brutto-netto-rechner/teilzeit/ (5.1.2018).
51 *Haufe online*: www.haufe.de/amp/personal/hr-management/befristete-teilzeit-bei-der-telekom_80_412962.html (4.1.2018).
52 RKW Hessen GmbH: http://www.arbeitszeit-klug-gestalten.de/alles-zu-arbeitszeitgestaltung/arbeitszeitmodelle-im-ueberblick/teilzeit/ (22.1.2018).
53 IWW, http://www.iww.de/ppz/archiv/praxisorganisation-so-optimieren-sie-die-zusammenarbeit-in-ihrem-teilzeit-team-f10875 (21.1.2018).
54 BMFSFJ: 2013, S. 15.
55 *Standard*: https://derstandard.at/2000009393554/Jobsharing-in-Oesterreich-selten (2.7.2018).
56 *Zeit online*: http://www.zeit.de/karriere/beruf/2015-02/jobsharing-flexibles-arbeiten (21.1.2018).
57 ZDF: https://www.zdf.de/gesellschaft/plan-b/plan-b-gleich-gleicher-gleichberechtigung-100.html (3.7.2018).
58 Huber, M.: https://spielraum.xing.com/2014/12/tandem-job (3.7.2018).
59 Töpper, V.: http://www.spiegel.de/karriere/jobsharing-so-teilt-man-sich-den-arbeitsplatz-in-teilzeit-a-1032944.html (3.7.2018).
60 Zöllich, M.: https://miriamzoellich.wordpress.com/2014/05/11/chiang-mai-das-mekka-digitaler-nomaden (11.5.2018).
61 Planet Backpack: https://www.planetbackpack.de (3.7.2018).
62 Bundesagentur für Arbeit: 2014, S. 10.
63 *Haufe online*: https://www.haufe.de/arbeitsschutz/gesundheit-umwelt/sabbatical-voraussetzungen-fuer-eine-berufliche-auszeit_94_419288.html (4.1.2018).
64 Statista: https://de.statista.com/infografik/7663/einstellung-der-deutschen-arbeitnehmer-zum-sabbatical/ (4.5.2017).
65 Raymond, M.: 2015, S. 6.
66 *Manager Magazin:* http://www.manager-magazin.de/unternehmen/artikel/sabbatical-so-macht-karriere-richtig-spass-a-1070249-2.html (3.7.2018).
67 McKinsey, https://karriere.mckinsey.de/entwicklung/flexibilitaet (21.1.2018).
68 BBiG: Paragraf 8, Absatz 1 (17.7.2017).
69 Bundesagentur für Arbeit: https://www3.arbeitsagentur.de/web/content/DE/Unternehmen/Ausbildung/Ausbildungsformen/AusbildunginTeilzeit/Detail/index.htm?dfContentId=L6019022DSTBAI516505 (22.1.2018).
70 *Deutsche Handwerks Zeitung:* https://www.deutsche-handwerks-zeitung.de/azubi-in-teilzeit-das-gilt-fuer-arbeitszeit-lohn-und-urlaub/150/9447/221957 (3.7.2018).
71 Goetsch, I.: https://www.diakonie.de/journal/ausbildung-in-teilzeit-fuer-junge-muetter (3.7.2018).
72 BIBB: https://www.bibb.de/dokumente/pdf/BIBB-Datenreport-2018_Vorversion_18042018.pdf, S.111 (3.7.2018).
73 FPfZG, Paragraf 2, Absatz 1.

74 BMAS: 2016, S. 29.
75 Destatis: https://www.destatis.de/DE/PresseService/Presse/Pressemitteilungen/2017/01/PD17_017_224.html;jsessionid=BC58853B99CB2F8A89F53AEA1C487803.InternetLive2 (18.2.2018).
76 *DAZ.online*: https://www.deutsche-apotheker-zeitung.de/news/artikel/2016/10/25/zu-wenige-nutzen-familienpflegezeit (18.2.2018).
77 Bundesamt für Soziales und Behindertenwesen: https://www.sozialministeriumservice.at/site/Finanzielles/Pflegeunterstuetzungen/Pflegekarenz_und_teilzeit/#intertitle-9 (3.2.208).
78 Torcasso, R.: https://www.beobachter.ch/gesellschaft/arbeit-und-pflege-krampfen-zwei-fronten (3.7.2018). Vincenz, C.: https://www.srf.ch/news/schweiz/zeit-sich-um-kranke-familienmitglieder-zu-kuemmern (3.7.2018).
79 Brouzos, J.: https://www.tagesanzeiger.ch/wirtschaft/standardusfirmen-bringen-pflegeurlaub-in-die-schweiz/story/12829988 (3.7.2018).
80 SGB IX: Paragraf 164, Absatz 5 (17.7.2017).
81 ZDF: https://www.zdf.de/verbraucher/volle-kanne/elterngeld-110.html (24.5.2018).
82 BMFSFJ: https://www.bmfsfj.de/bmfsfj/service/gesetze/bundeselterngeld--und-elternzeitgesetz/73806 (3.7.2018).
83 Familienportal: https://www.familien-wegweiser.de/ElterngeldrechnerPlaner (2.7.2018).
84 AltTZG: Paragraf 2, Absatz 1 und 2 (29.3.2017).
85 AltTZG: Paragraf 3, Absatz 3 (29.3.2017).
86 BBG: Paragraf 93, Absatz 3 (8.6.2017).
87 Arbeiterkammer: https://www.arbeiterkammer.at/beratung/arbeitundrecht/pension/altersteilzeit/Altersteilzeit.html (3.7.2018).
88 Swissmem: https://www.swissmem.ch/de/news/news/motiviert-bis-zum-schluss-dank-altersteilzeit-ein-gutes-angebot-fuer-arbeitgeber-und-arbeitnehme.html (3.7.2018).
89 Sattler, S.: https://www.landbote.ch/leben/gesellschaft/Sich-Schritt-fuer-Schritt-vom-Arbeitsleben-verabschieden/story/20245288 (3.7.2018).
90 Müncher, T.: https://www.focus.de/finanzen/altersvorsorge/rente/arbeiten-bis-67-muss-nicht-sein-sie-wollen-frueher-in-rente-ohne-hohe-abschlaege-dann-ist-das-hier-die-loesung_id_6593566.html (Abruf 2.7.2018).
91 ASR: https://www.iww.de/asr/archiv/altersteilzeit-im-blockmodell-rueckstellungen-auch-fuer-die-aufstockungsbetraege-bilden-f20684 (2.7.2018).
92 DGB: http://www.dgb.de/++co++d315e442-9d58-11df-6658-00188b4dc422 (3.7.2018).
93 Hans-Böckler-Stiftung: https://www.boeckler.de/108549_108558.htm (3.7.2018).
94 BMAS: http://www.bmas.de/DE/Themen/Arbeitsmarkt/Arbeitsfoerderung/kug.html (22.1.2017).

95 Bundesagentur für Arbeit: https://www.arbeitsagentur.de/unternehmen/finanziell/kurzarbeitergeld (3.7.2018).

96 Minijob-Zentrale: https://www.minijob-zentrale.de/DE/01_minijobs/02_gewerblich/01_grundlagen/04_arbeitsrecht/02_mindestlohn/node.html (22.1.2018).

97 SGB IV: Paragraf 8, Absatz 1 (30.6.2017).

98 Arbeiterkammer: https://www.arbeiterkammer.at/beratung/steuerundeinkommen/dazuverdienen/Arbeitsverhaeltnis_und_geringfuegige_Beschaeftigung.html (3.7.2018).

99 Wolfmaier, A.: https://www.umfragenvergleich.ch/jobs-co/minijobs-schweiz (3.7.2018).

100 Arbeitsrechte.de: https://www.arbeitsrechte.de/unbezahlter-urlaub (2.7.2018).

101 Raymond, M.: 2015, S. 3f.

102 Österreichische Sozialversicherung: https://www.sozialversicherung.at/portal27/esvportal/content?contentid=10007.683986 (2.7.2018.

103 Esslinger, A., Schobert, D.: 2004, S. 251.

104 Esslinger, A., Schobert, D.: 2004, S. 255.

105 BMAS: http://www.bmas.de/SharedDocs/Downloads/DE/PDF-Gesetze/Referentenentwuerfe/ref-brueckenteilzeit.pdf (2.7.2018).

106 BMAS: http://www.bmas.de/DE/Presse/Meldungen/2018/brueckenteilzeit.html und Gesetzesentwurf: http://www.bmas.de/SharedDocs/Downloads/DE/PDF-Gesetze/Referentenentwuerfe/ref-brueckenteilzeit.pdf?__blob=publicationFile&v=1 (2.7.2018).

107 BMAS: http://www.bmas.de/static/Teilzeit-Netto-Rechner/index.html (3.7.2018). Ausgewählte Optionen: Bundesland Rheinland-Pfalz, Rentenversicherung Arbeiter und Angestellte, Allgemeiner Lohnsteuertarif Klasse I, keine Kinder, keine Kirchenzugehörigkeit.

108 Deutsche Rentenversicherung: https://www.deutsche-rentenversicherung.de/Allgemein/de/Inhalt/3_Infos_fuer_Experten/02_arbeitgeber_steuerberater/01a_summa_summarum/05_lexikon/R/renteninformation.html (28.1.2018).

109 Deutsche Rentenversicherung: https://www.deutsche-rentenversicherung.de/Allgemein/de/Inhalt/3_Infos_fuer_Experten/02_arbeitgeber_steuerberater/01a_summa_summarum/05_lexikon/R/rentenauskunft.html?cms_submit=Los&cms_resultsPerPage=5&cms_templateQueryString=rentenauskunft (21.1.2018).

110 Monster: https://arbeitgeber.monster.de/hr/personal-tipps/personalmanagement/vergutung/bav-fuer-teilzeitbeschaeftigte-145728.aspx (3.7.2018).

111 BAG, 17.4.2012 – 3 AZR 280/12.

112 Deutsche Rentenversicherung: https://www.deutsche-rentenversicherung.de/Allgemein/de/Inhalt/2_Rente_Reha/01_rente/01_grundwissen/03_

rentenarten_und_leistungen/02_altersrente_langjaehrig_versicherte.html (3.7.2018).

113 Deutsche Rentenversicherung: https://www.deutsche-rentenversicherung.de/Allgemein/de/Navigation/1_Lebenslagen/04_Mitten_im_Leben/01_Rente_und_vorsorge/04_angehoerige_pflegen/angehoerige_pflegen_node.html (26.1.2018).

114 *Handelsblatt*: http://www.handelsblatt.com/unternehmen/management/fuehrungskraefte-chefs-entdecken-die-teilzeit/4318896-all.html (25.1.2018).

115 Huesmann, M. et al.: 2017, S. 232.

116 Huesman, M. et al.: 2017, S. 232f.

117 Schmidt, K.: https://www.wiwo.de/erfolg/beruf/generation-y-karriere-machen-aber-bitte-in-teilzeit/19846686.html (2.7.2018)

118 Kruthaup, K.: http://www.spiegel.de/karriere/als-berufsanfaenger-in-teilzeit-arbeiten-a-931269.html (2.7.2018).

119 TzBfG: Paragraf 1 (20.12.2011).

120 *Personal Office Premium:* https://www.haufe.de/personal/personal-office-premium/arbeitsrechtliche-aspekte-der-geringfuegigen-beschaeftigung_idesk_PI10413_HI517049.html (3.7.2018).

121 TzBfG: Paragraf 8, Absatz 1 (20.12.2011).

122 BMAS: 2016, S. 46.

123 TzBfG: Paragraf 11 (20.12.2011).

124 BBG: Paragraf 91, Absatz 1 (8.6.2017).

125 BBG: Paragraf 91, Absatz 3 (8.6.2017).

126 BBG: Paragraf 92, Absatz 1 (8.6.2017).

127 TzBfG: Paragraf 8, Absatz 2 (20.12.2011).

128 TzBfG: Paragraf 8, Absatz 4, Satz 2 (20.12.2011).

129 *Haufe online:* https://www.haufe.de/personal/arbeitsrecht/wann-der-arbeitgeber-den-wunsch-auf-teilzeit-ablehnen-darf_76_156828.html (3.7.2018).

130 TzBfG: Paragraf 8, Absatz 5 (20.12.2011).

131 TzBfG: Paragraf 8, Absatz 6 (20.12.2011).

132 ArbG Berlin: 28 Ca 17989/11, Teilurteil vom 20. April 2012.

133 TzBfG: Paragraf 9 (20.12.2011).

134 Arbeitszeitgesetz: https://www.ris.bka.gv.at/NormDokument.wxe?Abfrage=-Bundesnormen&Gesetzesnummer=10008238&Artikel=&Paragraf=19d&Anlage=&Uebergangsrecht (3.7.2018).

135 Kohler, F.: https://www.tagesanzeiger.ch/wirtschaft/unternehmen-und-konjunktur/Die-wichtigsten-Fragen-zum-TeilzeitBoom/story/23732340 (3.7.2018).

136 OR: Artikel 321 c, Absatz 3.

137 Nötzli, H. F.: https://www.weka.ch/themen/personal/arbeitsvertraege-und-reglemente/spezielle-arbeitsvertraege/article/teilzeitarbeitsverhaeltnisse-knackpunkt-kuerzere-arbeitszeiten (3.7.2018).

138 »Wo bleibt die Arbeit?«, *Die Zeit*, 26.4.2018.
139 Lutz, A., Luck, N.: 2015, S. 14ff.
140 KfW: 2017, S. 1.
141 Gründerservice: https://www.gruenderservice.at/site/gruenderservice/Suche.html?searchTerm=Teilzeit (3.7.2018).
142 Wirtschaftskammer: https://www.wko.at/service/foerderungen.html (3.7.2018).
143 KMU Portal: https://www.kmu.admin.ch/kmu/de/home/praktisches-wissen/finanzielles/finanzierung/staatliche-unterstuetzung-bei-der-finanzierung.html (3.7.2018).
144 Kanton Zürich: https://www.gruenden.ch/nc/ueberlegungen/selbstaendig-auf-teilzeitbasis (3.7.2018).
145 SVA Zürich: https://www.svazurich.ch/pdf/Checkliste_se.pdf (3.7.2018).
146 Cordsmeier, M.: 2017, S. 169.
147 IHK Leipzig: https://www.leipzig.ihk.de/mediathek/Gründung%20im%20Nebenerwerb.pdf (29.1.2018).
148 Mai, J.: https://karrierebibel.de/nebentaetigkeit (3.7.2018).
149 IHK Leipzig: https://www.leipzig.ihk.de/mediathek/Gründung%20im%20Nebenerwerb.pdf (3.7.2018).
150 SGB IV: Paragraf 7, Absatz 1 (30.6.2017).
151 TzBfG: Paragraf 9 (20.12.2011).
152 *Zeit online*, http://www.zeit.de/wirtschaft/2017-07/28-stunden-woche-teilzeit-ig-metall-arbeitszeit (3.7.2018).
153 Kienbaum Institut: 2017, S. 13.
154 Esslinger, A., Schobert, D.: 2007, S. 256.